LIGUE GÉNÉRALE
Pour l'aménagement et l'utilisation des Eaux

COMITÉ RÉGIONAL des CHARENTES et du POITOU

AMÉNAGEMENT DES EAUX
des
MARAIS DE L'OUEST

Congrès de Niort
(28-30 Septembre 1928)

RAPPORTS

POITIERS
Au Siège du Comité Régional
14, Rue Claveurier
1928

LIGUE GENERALE

Pour l'aménagement et l'utilisation des Eaux

COMITÉ RÉGIONAL des CHARENTES et du POITOU

AMÉNAGEMENT DES EAUX

des

MARAIS DE L'OUEST

Congrès de Niort

(28-30 Septembre 1928)

RAPPORTS

POITIERS

Au Siége du Comité Régional

14, Rue Claveurier

1928

LIGUE GÉNÉRALE pour l'AMÉNAGEMENT et l'UTILISATION des EAUX

COMITÉ RÉGIONAL DES CHARENTES ET DU POITOU

Siège : à la Chambre de Commerce de Poitiers, 14, rue Claveurier

CONGRÈS
DES
MARAIS DE L'OUEST
NIORT
28 - 30 Septembre 1928

Niort, le 10 Août 1928.

Monsieur,

Nous avons l'honneur de vous informer que, par décision du Conseil de notre Comité Régional des Charentes et du Poitou, réuni aujourd'hui à Niort, le Congrès des Marais de l'Ouest, annoncé précédemment comme devant avoir lieu à Niort le 29 septembre, sous le nom de **Journée des Marais Poitevins, Vendéens et Charentais,** durera en réalité du 28 septembre inclus au 30 septembre inclus, en raison du nombre et de l'importance des questions qui doivent lui être soumises.

La *séance publique d'ouverture* aura lieu, le vendredi 28 septembre, à 8 h. 1/2, à l'Hôtel-de-Ville de Niort, sous la présidence de M. le *Préfet* des Deux-Sèvres.

Une première séance de travail sera ensuite consacrée à l'examen des trois rapports suivants :

La situation agricole des Marais Mouillés du Bassin de la Sèvre Niortaise, par M. LEFORT, Directeur des Services Agricoles des Deux-Sèvres.

Régime des eaux des Marais du Bassin de la Sèvre Niortaise, par M. JOMIER, Ingénieur en chef des Ponts et Chaussées.

Les Marais de la Vendée, par M. BROCHET, Ingénieur principal honoraire du Service vicinal, ancien Secrétaire du Syndicat des Marais Mouillés de la Vendée.

Dans la seconde séance de travail, à partir de 14 heures, on examinera les trois rapports suivants :

Les Marais de la Charente-Inférieure, par M. VERDIÉ, Directeur des Services Agricoles de la Charente-Inférieure.

Les Syndicats de curage des cours d'eau et d'assainissement de terrains dans le département de la Vienne, par M. RASCOL, Ingénieur en chef des Ponts et Chaussées.

Les Marais du canton d'Aigre (Charente), par M. PRIOTON, Directeur des Services Agricoles de la Charente.

Le samedi 29 septembre, à 8 h. 1/2, troisième séance de travail, consacrée à l'examen des questions techniques relatives à l'outillage des marais :

Exécution mécanique de l'entretien des canaux des Marais, par M. G. LEROY, ancien élève de l'École Polytechnique, Directeur général de la Société Française d'entreprises de dragages et de Travaux publics.

Le faucardement des eaux, par M. Hirsh, Président de la Chambre Syndicale des Etangs de Touraine et d'Anjou, organisateur des concours d'appareils de faucardement, institués par l'Union Nationale des Syndicats de l'Etang.

L'installation de pompage de Codigoro, par M. Godeau, Ingénieur en chef du génie rural.

Assèchement des tourbières par pompage électrique, par M. Beccat, ancien élève de l'Ecole Polytechnique.

A 14 h., quatrième séance de travail : examen des rapports suivants :

De la nécessité des fédérations ou unions de Marais, par M. Rousseau, Docteur en droit, Membre de la Chambre d'Agriculture de la Charente-Inférieure, Directeur du Marais Louby.

Aperçus juridiques sur l'organisation de groupements chargés de l'entretien d'anciennes voies navigables déclassées et sur le projet de Fédération générale des Marais de l'Ouest, par M. Audouin, Professeur à l'Université de Poitiers, Délégué général de la Ligue générale pour l'aménagement et l'utilisation des Eaux, Secrétaire général du Comité Régional des Charentes et du Poitou.

Les marais et prairies basses de Maine-et-Loire, par M. Roger Renault, Ingénieur des Ponts et Chaussées.

Il s'y joindra peut-être une communication sur les **Marais de la Loire-Inférieure**.

A 18 heures, réunion de la Commission des vœux.

A 20 h. 1/2, **Séance publique de clôture**, dans la Salle des fêtes de l'Hôtel-de-Ville de Niort, sous la présidence de M. Victor Boret, sénateur, ancien Ministre de l'Agriculture, Président d'honneur de la Ligue et du Comité Régional, assisté de délégués des Ministres de l'Agriculture et des Travaux Publics. Vote des conclusions.

A l'issue de la séance de clôture, **vin d'honneur** offert aux congressistes par la Municipalité de Niort.

Le dimanche 30 septembre aura lieu, conformément au programme antérieur, l'excursion dans la partie la plus pittoresque du Marais Poitevin, organisée avec le concours du Syndicat d'Initiative de Niort. Transport de Niort à Coulon en autobus. Rendez-vous à 8 heures précises au kiosque du Syndicat d'Initiative, place de la Brèche. Départ de Coulon, à 9 heures précises, pour la promenade en bateau. **Exposition** d'engins mécaniques pour l'entretien des canaux de Marais. Banquet à Coulon, présidé par M. Cels, Député, ancien Ministre, Président de la Ligue générale pour l'aménagement et l'utilisation des Eaux. Retour à Niort vers 15 heures 30. (Prix de l'excursion, tout compris, transport, bateau, banquet, 50 fr. Prix du banquet seul, 30 fr. Les dames sont admises).

Les congressistes pourront ensuite s'ils le désirent, assister aux courses de Niort.

Nous vous prions instamment de prendre part à ce Congrès, qui parait devoir marquer le début d'une ère nouvelle pour les Marais de de l'Ouest.

Veuillez agréer, Monsieur, l'expression de nos sentiments distingués.

Le Président d'honneur du Comité Régional :
Victor Boret,
Sénateur,
ancien Ministre de l'Agriculture,
Président de la Section de la Vienne.

Le Président de la Chambre Régionale d'Agriculture :
Naslin,
Vice-Président
du Conseil général des Deux-Sèvres.

Le Président de la Section de la Charente-Inférieure :
Robin,
Conseiller général,
Président du Syndicat de St-Jean-d'Angle.

Le Président de la Section de la Charente : Masson,
Président de la Chambre d'Agriculture
de la Charente.

Le Président du Comité Régional des Charentes et du Poitou :
Debois,
Président du Syndicat des Marais Mouillés
de la Vendée.

Le Président de la Section des Deux-Sèvres :
Marchand,
Président du Syndicat des Marais Mouillés
des Deux-Sèvres.

Le Président de la Section de la Vendée :
Baron de Larocque-Latour,
Directeur de la Société Syndicale des Grands
Marais de la Claye.

Le Secrétaire général du Comité Régional :
E. Audouin,
Délégué général de la Ligue

CONDITIONS

pour prendre part au CONGRÈS des MARAIS de l'OUEST

Les personnes disposées à prendre part au Congrès des Marais de l'Ouest et à l'excursion du 30 septembre sont priées d'en informer *avant le 15 septembre* le Trésorier du Comité Régional des Charentes et du Poitou, M. Bourderioux, Directeur de l'Agence de la Société Générale *à Poitiers, Place d'Armes.*

Sont de droit membres du Congrès les adhérents du Comité Régional des Charentes et du Poitou, les membres des Collectivités adhérentes et notamment des Syndicats de Marais. Le volume renfermant les rapports du Congrès des Marais de l'Ouest sera remis *gratuitement* aux adhérents du Comité Régional ; le compte rendu détaillé des séances, avec le texte des vœux émis, leur sera envoyé ultérieurement. Ils reçoivent, en outre, le Bulletin Mensuel de la Ligue Générale pour l'Aménagement et l'Utilisation des Eaux.

Pour être membre du Comité Régional des Charentes et du Poitou, il suffit de remplir le Bulletin d'adhésion ci-joint et de l'adresser avec la cotisation au Trésorier du Comité Régional.

Les Souscriptions pour l'excursion doivent être envoyées *avant le 15 septembre* au Trésorier du Comité Régional, M. Bourderioux, Directeur de l'Agence de la Société Générale, à Poitiers, Place d'Armes.

Les membres de la Ligue Générale pour l'Aménagement et l'Utilisation des Eaux n'appartenant pas au Comité Régional des Charentes et du Poitou sont admis aussi à prendre part au Congrès des Marais de l'Ouest. Ceux qui désirent en recevoir les publications sont priés d'envoyer la somme de **10 francs**, au Trésorier du Comité Régional, M. Bourderioux, Directeur de l'Agence de la Société Générale à Poitiers.

AVIS

Le Directeur Général des **Chemins de fer de l'Etat** a bien voulu décider d'accorder des bons de réduction de 50 o[o aux adhérents aux « Journées des Marais » de Niort.

La **Compagnie d'Orléans** accorde la même réduction sur son réseau aux membres de la Ligue qui veulent prendre part au Congrès de Niort.

En conséquence, les personnes qui désirent bénéficier de cette réduction, sont invitées à en informer le Secrétaire général du Comité Régional, 14, rue Claveurier, à Poitiers, avant le 15 Septembre (dernier délai).

Ligue Générale pour l'Aménagement et l'Utilisation des Eaux

Siège social : *4, Carrefour de l'Odéon, PARIS (6e)*

COMITÉ RÉGIONAL DES CHARENTES ET DU POITOU

Siège à **POITIERS**, *14, rue Claveurier*

Bulletin d'Adhésion

Je soussigné ....

demeurant ....

déclare adhérer à la **LIGUE GÉNÉRALE POUR L'AMÉNAGEMENT ET L'UTILISA-TION DES EAUX** *et au* **COMITÉ RÉGIONAL DES CHARENTES ET DU POITOU.**

J'envoie la somme de ....*francs, comme cotisation*

de membre .... *ou de collectivité* ....(1)

A.., le ....192 .

SIGNATURE : .

(1) Les cotisations annuelles sont fixées ainsi qu'il suit :

1° *Pour les membres individuels* {
membres adhérents .. 20 francs
— titulaires... 40 —
— bienfaiteurs 75 —

2° *Pour les collectivités* {
adhérentes.. 100 fr. au minimum
titulaires... 150
bienfaitrices. 500 —

Exceptionnellement, certaines collectivités (Syndicats, Communes) pourront être admises aux conditions des membres individuels.

BULLETIN DE SOUSCRIPTION DE L'EXCURSION

Je soussigné.. demeurant.......................
déclare souscrire pour l'EXCURSION dans le **Marais Poitevin**
qui aura lieu le 30 Septembre.

J'envoie la somme de.................... fr. pour.............. personnes (1)

A...................................., le ....1928.

Signature :

(1) Prix de l'excursion : 50 francs par personne, y compris le Banquet à Coulon. Chaque congressiste peut souscrire pour plusieurs membres de sa famille. Les dames sont admises à prendre part à l'excursion. — Prix du Banquet seul : 30 fr.

Les adhérents actuels sont priés de recueillir des adhésions dans leur entourage.

LA SITUATION AGRICOLE

DES

Marais Mouillés.

du Bassin de la Sèvre Niortaise

Par M. LEFORT

Directeur des Services Agricoles des Deux-Sèvres

LIMITES. — ETENDUE.

La région dénommée les *Marais Mouillés de la Sèvre Niortaise*, est presque entièrement comprise dans le quadrilatère ayant pour sommets les communes de Coulon à l'est, Mauzé au sud, (Deux-Sèvres), Maillé à l'ouest, Maillezais au nord (Vendée). On retrouve les contours capricieux qui la déterminent en suivant la ligne des terres hautes dans les trois départements Vendée, Deux-Sèvres, Charente-Inférieure.

L'étendue totale de cette partie est de 14.200 hectares environ, dont 5.500 hectares dans les Deux-Sèvres, 6.100 hectares en Vendée, et 2.600 hectares en Charente-Inférieure.

En aval de Maillé, une bande de terrain de même nature, également submersible, se continue jusqu'à la mer. Une bande semblable forme aussi le lit de la *Vendée*. Ces deux bandes sont limitées de chaque côté par les digues des marais desséchés.

Tous ces marais écoulent leurs eaux dans la Sèvre Niortaise, en amont de Marans.

LE SOL

Le pays, très pittoresque, est entièrement plat. Elevé de 3 à 4 mètres tout au plus au-dessus du niveau de la mer, il se trouve en contrebas d'un mètre au moment des fortes marées. Les formations jurassiques qui l'entourent au Nord, à l'Est et au Sud, le dominent d'une quinzaine de mètres ; c'est donc une sorte de cuvette légèrement inclinée vers l'Ouest, d'où l'eau s'écoule lentement vers la mer.

Le *Marais Mouillé*, vu des hauteurs de la Plaine, apparaît comme un immense massif boisé. En réalité, le sol est divisé par une infinité de petits canaux bordés de plantations de frênes têtards, d'aulnes, de saules et de peupliers de Virginie.

La terre arable, de couleur noire, est humifère et spongieuse. Epaisse de 25 à 30 centimètres, elle repose sur un lit de tourbe mesurant un à quatre mètres de profondeur et supporté lui-même par le *bri marin*, alluvion marine constuée par un limon argileux bleuâtre, identique en bien des points aux marnes bleues de l'oxfordien.

ASSAINISSEMENT ET MISE EN CULTURE

La terre végétale, mélangée de quelques coquillages, est naturellement acide, ainsi qu'en témoigne la flore spontanée, constituée en majeure partie par des roseaux, iris, carex, joncs, renoncules, etc...

Très riche en azote, amendée par le fin limon déposé chaque année par les crues, sa fertilité est incomparable et, en temps normal, la végétation y est exubérante.

Certes, la mise en culture véritable de cette région est relativement récente. Il y a un siècle à peine, les *Marais Mouillés* étaient encore presque totalement incultes et couverts d'eau insalubre et occupés presque totalement par des plantes aquatiques. Ils auraient conservé jusqu'à nos jours l'aspect d'un vaste marécage si l'homme n'était pas intervenu pour compléter l'œuvre de la nature et l'orienter à son profit.

En réalité, c'est à partir du XIIIᵉ siècle, que le maraîchin s'acharne à lutter contre les eaux afin de mieux tirer parti des ressources du pays où il vit. Ses efforts ont été souvent anéantis, tant par les éléments naturels que par les événements économiques, voire même politiques.

Grâce à sa ténacité et à son énergie, il est arrivé à vaincre en partie ces éléments, surtout depuis le début du XIXᵉ siècle, époque où le dessèchement méthodique fut entrepris par les 4 syndicats qui fonctionnent encore à l'heure actuelle, et qui furent créés, de 1831 à 1833, en vue d'une action coordonnée.

Les *Marais Mouillés* du bassin de la Sèvre Niortaise, devenus la propriété des communes en 1789, furent partagés à partir de 1873 entre tous les habitants, à raison de 0 hectare 30 ares à 1 hectare par feu. Depuis, chaque propriétaire s'est efforcé d'assainir son lot, de le mettre en culture. A cet effet, de nombreux canaux ont été creusés, tant pour délimiter les parcelles que pour assurer la clôture, drainer le terrain, améliorer la flore.

Les surfaces envahies par les roseaux et les *rouches* (carex major), ont fait place, presque partout, à de verdoyantes prairies naturelles, dans lesquelles, en année normale, lorsque les inondations ne se prolongent pas trop tardivement au printemps, on arrive à faire, d'avril à septembre, 3 à 4 coupes d'herbes. Le rendement en foin sec peut être évalué de 5 à 7.000 kilos par hectare, mais la qualité laisse à désirer.

En plus de la production de l'herbe servant de base à l'exploitation de la vache laitière, le maraîchin, en bien des endroits, principalement dans la Charente-Inférieure et les Deux-Sèvres, cultive, pour leurs graines, le haricot et le ray-grass. Lorsque les semis ne sont pas gênés par l'eau, chacune de ces plantes occupe une superficie de 950 à 1.000 hectares. Si une crue survient au printemps et se prolonge jusqu'en juin, toute culture est rendue impossible. Il en résulte un manque à gagner qui peut se chiffrer pour l'année à 5 ou 6 millions de francs.

L'exploitation des bois tendres vient augmenter la richesse du pays. On estime que le peuplier, l'aulne, le frêne, le saule procurent un produit brut annuel allant de 500 à 900 francs par hectare. Le peuplier se développe dans le marais avec une telle rapidité que le propriétaire survit quelquefois à deux ou trois générations d'arbres plantés de ses mains.

Un rapide coup d'œil sur la statistique agricole des cinquante dernières années fait apparaître un accroissement rapide des productions agricoles dans la contrée des *Marais Mouillés du bassin de la Sèvre*. Vers 1880, on comptait à peine 20 vaches et 10 élèves par cent hectares. Maintenant le nombre de têtes de bétail a presque décuplé. Parallèlement, la population s'est considérablement accrue. On compte aujourd'hui de 60 à 65 habitants par kilomètre carré.

La valeur de la terre a également augmenté dans de grandes proportions. De 1900 à nos jours, le prix de vente d'un hectare est passé de 3.000 francs à 10.000 francs et même plus. Dans le même temps, la valeur locative des terrains à plus que triplé.

La grande fertilité naturelle du sol suffit à expliquer une

telle évolution des richesses. La contrée des *Marais Mouillés* serait extrêmement prospère, si de trop fréquentes inondations ne venaient enrayer la production, détruire le fruit du travail des laborieuses populations intéressées et anéantir toutes leurs espérances.

La forte capacité de production des terres assainies est due au rôle bienfaisant de l'humidité : l'irrigation continuelle par imbibition alimente sans arrêt les racines des plantes, pendant qu'une douce température et le soleil activent la végétation. Mais si l'alimentation régulière en eau conditionne la croissance active des végétaux, l'excès d'eau devient néfaste, et ce qui procure le bien-être peut devenir rapidement un mal et même une calamité, lorsque la submersion des terres se prolonge au delà de l'époque où les fourrages et les diverses cultures devraient commencer leur évolution végétative. De même, lorsque ces inondations intempestives surviennent dans la bonne saison, toutes les récoltes sont perdues et, si le même désastre se répète plusieurs années de suite, la pénurie d'aliments pour le bétail amène la mévente des animaux qu'il devient impossible de garder plus longtemps et, pour beaucoup de petits exploitants, la détresse peut être très grande.

C'est malheureusement ce qui s'est produit durant ces trois dernières années. Or, il est vrai qu'une semblable situation est imputable, pour une très grande part, aux intempéries, aux pluies abondantes et tardives ; en un mot, à des circonstances météorologiques défavorables, sur lesquelles nous n'avons aucune prise. Il faut en voir également la cause dans les effets d'une culture plus intensive du sol, qui ne peut fatalement que contribuer au nivellement général, et dans l'insuffisance des moyens de protection dont il a été fait usage jusqu'à ce jour.

L'examen des relevés des pluies saisonnières, établis par la Commission météorologique des Deux-Sèvres, montre que, depuis 1925, les hauteurs de pluies tombées annuellement sont sensiblement au-dessus de la moyenne et que leur répartition suivant les saisons a été réellement anormale.

En 1925, la période la moins pluvieuse de l'année se trouve être l'hiver, avec 158 m/m 1 d'eau, contre un total de pluies d'été de 260 m/m 3, hauteur qui n'avait pas été atteinte depuis fort lontemps. La hauteur de pluies pour le printemps de 1926 accuse le même chiffre (262 m/m 2) : elle maintient le marais sous l'eau jusque fin juin. L'année 1927 est exceptionnellement humide. La hauteur d'eau recueillie pendant le printemps et l'été, (234 m/m au prin-

temps et 400 m/m 9 en été) atteint au total 634 m/m 9,
c'est à dire plus de la moitié de l'ensemble des pluies de
l'année (1129 m/m), chiffre qui se rapproche de celui de l'année 1910, (1197 m/m).

La région la plus arrosée du bassin de la Sèvre Niortaise
est la Gâtine, d'où partent ses principaux affluents de la rive
droite. Par suite du déboisement des parties bocageuses, du
défrichement des landes, de la disparition d'un grand nombre d'étangs, de la mise en culture de tous les terrains, l'eau
n'est plus retenue en amont. Elle s'écoule rapidement en
surface ou s'infiltre au contraire très vite, descend vers les
nappes souterraines, qui se déversent directement dans les
vallées principales sans utiliser les vallées secondaires, dont
le fond est plus élevé que le niveau de la couche aquifère.
Leur pente étant rapide, les affluents de la Sèvre Niortaise
déversent en peu de temps sur les *Marais Mouillés* toute
l'eau tombée sur la région en amont de Niort.

La dénivellation relativement marquée, qui existe entre
Niort et Coulon, fait que l'eau des parties hautes arrive en
peu de jours sur le *Marais*, où elle s'étale et séjourne très
longtemps. La mer n'établit qu'un très faible courant, la
pente n'étant plus que de trois centimètres environ par kilomètre entre La Sotterie et Marans.

D'importants travaux effectués ces derniers temps accé-
lèrent encore la rapidité des inondations. Nous ne signale-
rons que les principaux :

L'établissement de la gare de triage de Romagné auprès de
Niort, qui a entraîné, pour garantir son assèchement, l'exécution de travaux de captation des eaux pluviales en vue de
leur déversement direct dans la Sèvre Niortaise.

De même, la canalisation des marais de *Prin-Deyrançon*
et du *Bourdet*, favorisée par la pente, charrie avec rapidité
toutes les eaux de cette contrée, lesquelles inondent la zone
placée en aval, région de Saint-Hilaire la Palud, en dépla-
çant la cote d'étiage.

L'élargissement du pont des Sardines à Fontenay-le-Comte a eu pour résultat d'augmenter l'intensité du courant de
la *Vendée* qui, par sa vitesse, arrête presque celui de la
Sèvre Niortaise, très faible au confluent des deux cours d'eau.

Nous devons signaler aussi le mauvais état de nombreux
canaux communaux ou des administrations, et des fossés
particuliers, dont beaucoup sont abandonnés d'entretien depuis 20 ou 25 années et même davantage.

Nous sommes enfin tenus de mentionner ici les doléances
qui nous ont été exprimées concernant le fonctionnement et

la manœuvre des écluses et des barrages, qui ne donne-
raient pas toujours satisfaction aux populations du *Marais*.
On sait que, suivant les règlements en vigueur, l'ouverture
des portes ou l'enlèvement des poutrelles ne doit se faire
que lorsque le niveau d'eau a atteint les cotes fixées par un
arrêté préfectoral, qui remonte à 1877.

Or, ces cotes sont, paraît-il, trop élevées ; au dire de nombreux praticiens, les *Marais Mouillés* sont maintenant sous
l'eau à une cote inférieure de 0m30 à 0m40 à celle d'il y a
cinquante ans. Il y aurait eu, depuis cette époque, un affaissement du sol résultant de la mise en culture de presque toute la surface, de la décomposition de l'humus et de la tourbe
qui forment la terre arable.

TRAVAUX FAITS POUR REMÉDIER AUX INONDATIONS.

L'assainissement du *Marais* avec accélération dans l'écoulement des eaux, préoccupe depuis longtemps ses habitants ainsi que les services publics intéressés. D'importants et coûteux travaux ont été faits dans ce but depuis un siècle. Nous
pouvons citer à cet égard :

— l'ouverture de la rigole de *La Garette au Mignon* et de
trois autres rigoles sur la rive droite en amont de *Damvix*

— l'élargissement du *Fossé des Loups,* du canal des *Sablons*
et de celui de *Pomère ;*

— le creusement du canal du *Nouveau Béjou* et du canal de
Pomère ;

— l'élargissement, le curage et l'approfondissement de la
Sèvre de *Marans* à *Coulon ;*

— la canalisation de *l'Autize* et de la partie inférieure du
Mignon.

Après tous ces travaux, l'évacuation des eaux d'inondation laisse encore à désirer. M. Marchand, président du Syndicat des *Marais Mouillés* des Deux-Sèvres, dans un rapport
présenté à la Chambre d'Agriculture de son département
le 20 décembre 1927, signale qu'en 1912, à la suite d'une
crue importante ayant recouvert les *Marais Mouillés* d'une
couche d'eau de 0m80 à 1 mètre et pour laquelle on dut
attendre jusqu'en juin pour reprendre la culture des terres,
un *nouveau projet* d'évacuation des eaux avait été envisagé.
L'exécution en fut retardée par les hostilités. Malgré l'importance de la dépense, il est maintenant sur le point d'être
terminé. Ce projet consistait dans l'élargissement, le redres-

sement et le curage de certaines parties de la *Sèvre* ; le creusement d'un nouveau canal évacuateur partant de l'embouchure de celui de *Pomère* pour aller se déverser dans l'anse du *Brault* ; l'élargissement et le curage du *Mignon* ; l'élargissement à 35 mètres du *Fossé des Loups*, des canaux du *Sablon* et du *Digolot*, l'élargissement à 30 mètres du canal de *Pomère*, ainsi que le dragage de ce dernier.

Les grands travaux en cours d'exécution doivent améliorer le régime des eaux. Celles-ci, une fois arrivées au grand canal évacuateur, qui sera achevé bientôt, s'écouleront plus rapidement vers la mer. Mais il est à craindre, étant donné la faible pente et le mauvais état des canaux, qu'elles ne séjournent encore trop longtemps dans la partie comprise entre Coulon et Bazoin.

AMÉLIORATIONS DEMANDÉES

Pour les populations agricoles des *Marais Mouillés* du Bassin de la Sèvre Niortaise, le problème, dont il s'agit de poursuivre la solution, demeure toujours le suivant :

Enlever rapidement les eaux, de manière à mettre les prairies et les terres en culture à l'abri des crues de printemps, d'été et d'automne ; maintenir le plan d'eau à 0m20 environ au dessous de la surface des terrains, de manière à réaliser une sorte d'irrigation par imbition et capillarité, très favorable à la végétation et pour que la navigation puisse se faire librement en tous temps, dans tous les canaux petits et grands.

Les agriculteurs du *Marais* qui, en période normale, tirent de leurs terrains un revenu important, n'ont pas de plus grand désir que celui de voir leur sol rendu à la production. Ils n'ont jamais ménagé à leurs Syndicats les ressources que ces derniers leurs ont demandées pour améliorer la situation. Il paraît difficile de les solliciter à nouveau, vu les charges qu'ils ont à amortir dans un délai de 25 ans, surtout après les énormes pertes qu'ils ont subies ces trois dernières années, pertes qui ont eu pour résultat d'amener chez beaucoup d'entre eux une gêne bien proche de la misère.

Que faut-il donc faire pour ramener le bien-être parmi ces populations très éprouvées et pour enrayer l'émigration déjà commencée ?

A ce point de vue, nous avons interrogé MM. les Présidents des quatre Syndicats des *Marais Mouillés* du bassin de la *Sèvre,* qui nous ont fait connaître leur opinion et donné le programme des travaux qui, d'après eux, serait à réaliser dans un délai assez court.

A leur avis, il y aurait lieu :

— d'approfondir la *Sèvre* entre *Bazouin* et *Marans,* où la pente n'est que de 1 centimètre par kilomètre ;

— d'élargir et d'approfondir le canal du *Nouveau Béjou ;*

— d'élargir la voie d'eau qui fait communiquer le canal des *Forges* au *Vieux Béjou ;*

— d'élargir et de redresser en partie le lit de la *Vieille Autize ;*

— d'élargir l'ouverture du canal des *Plantes* et de nettoyer les fossés en amont ;

— d'élargir le pont de la *Bernegoue* et celui de la *Sèvre* à l'embouchure de la *Vieille Autize ;*

— de curer le canal de *Courdault* et de remettre en état le *Contrebot de Vix ;*

— d'ouvrir une rigole du *Mignon* au passage du *Boutin ;*

— d'obtenir le déclassement du *Canal maritime de Luçon* à la mer et son exploitation pour le service de l'évacuation des eaux ;

— d'approfondir le *Canal le Clin* au lieu dit *la Banche,* en amont de *Sainte-Radegonde-des-Noyers* pour lui donner une pente normale jusqu'à la mer.

(Ces deux derniers désiderata ayant fait l'objet d'un vœu adopté le 25 mai 1928 par la Chambre d'Agriculture de la Vendée).

Enfin, il y aurait lieu d'inviter les particuliers, les communes et l'Etat à entretenir en meilleur état, par des faucardements et des curages fréquents, toutes les voies de navigation.

Les présidents des quatre Syndicats sont en outre unanimes à demander qu'il soit procédé à une *rectification des cotes* de manière que la manœuvre des *écluses* et des *barrages* soit faite en temps opportun.

Comme on le voit, le programme est vaste. Il demandera encore bien des années et des capitaux importants avant d'être réalisé.

Etant donné la pénurie de main d'œuvre, il ne faut guère compter sur la main de l'homme pour effectuer les travaux d'entretien, de faucardement et de curage. Le mieux serait d'avoir des *machines,* pouvant circuler dans tous les petits canaux, qui rejetteraient la vase au-dessus des tétards de frênes hauts de 1m50 au plus, plantés en bordure.

Dans le même ordre d'idées, nous avons appris que M. Marchand, président du Syndicat des *Marais Mouillés* des Deux-Sèvres, avait entamé des pourparlers avec M. le Ministre des Travaux Publics, pour faire venir d'Allemagne une *drague,* qui pourrait être fournie au titre des prestations en nature, suivant les clauses du plan Dawes. Espérons que ses démarches seront couronnées de succès.

Enfin, pour améliorer la situation, peut-être serait-il possible d'envisager une action concernant les travaux maritimes qui se rapportent au déversement des eaux des *Marais Mouillés* dans l'Océan. Nous savons qu'en temps de crues, les divers barrages établis aux débouchés de la Sèvre sont munis de portes de flot qui s'ouvrent sous l'influence du jusant pour permettre l'écoulement des eaux de la rivière et se referment à marée montante pour intercepter le courant de flot. Ne pourrait-on pas aménager économiquement sur ces points des *stations de pompage* à grand débit, qui déverseraient les eaux douces au-dessus des barrages pendant la fermeture de ceux-ci aux heures de marée montante ? On hâterait de la sorte, dans des proportions sérieuses, aux époques de crues, l'évacuation des eaux de la Sèvre, par suite l'assèchement des terrains submergés. Je soumets cette idée à l'appréciation des services compétents et je crois désirable que des études soient poursuivies par des techniciens, qui iraient, au besoin, se documenter sur place, en Hollande sur cette question.

Je ne voudrais pas terminer ce trop long exposé sans souligner l'activité féconde des quatre Associations Syndicales des *Marais Mouillés* du Bassin de la Sèvre Niortaise qui ont puissamment contribué à la conquête et à l'amélioration d'une vaste zone de terrains, autrefois improductifs, aujourd'hui susceptibles de donner, en culture intensive, un très grand rapport. Non seulement ces sociétés syndicales ont rendu d'inestimables services à une laborieuse section de nos populations rurales des Charentes et du Poitou, mais elles ont contribué en même temps à étendre, dans un cadre harmonieux, le patrimoine cultural de notre beau pays de France.

Régime des Eaux
des Marais du bassin de la Sèvre Niortaise

Par M. JOMIER

Ingénieur en Chef des Ponts et Chaussées

HISTORIQUE SUCCINCT

Marais desséchés. — Lorsque fut abordé dans son ensemble, il y a trois siècles, le dessèchement des *Marais du Poitou*, on appliqua la méthode hollandaise qu'avaient d'ailleurs employée inconsciemment les travaux fragmentaires du moyen âge. Des endiguements protégèrent contre les eaux extérieures les zones à dessécher ; l'évacuation des eaux intérieures devenait ainsi un problème soluble : il suffisait d'ouvrir, vers la partie de la Sèvre où se fait sentir le tirage de la marée basse, un réseau suffisant de fossés bien entretenus.

En oubliant ce principe de s'affranchir des eaux extérieures, la Société des *Marais de Vix*, qui l'appliquait correctement et avec succès en aval de Maillezais, tenta vainement d'étendre ses efforts jusqu'à Coulon.

Marais Mouillés. — C'est seulement sous Louis-Philippe que l'on attaqua les *Marais Mouillés* comprenant en amont de Bazoin les vallées de la Sèvre, de l'Autize, du Mignon et en aval leurs cours confondus, limités par les endiguements des *Marais desséchés* de la Vendée et de la Charente-Inférieure. Il s'agissait surtout d'écouler les eaux venues des bassins supérieurs. Les lits des cours d'eau furent élargis et approfondis, raccourcis ou aidés par de nouveaux lits.

Premiers dessèchements. — Après ces travaux, les *marais* se trouvèrent dégagés des eaux pendant la période d'été. La culture ne redoute pas les eaux d'hiver ; elle les désire plutôt, pourvu qu'elles ne demeurent pas trop longtemps au printemps. Les crues de printemps, qui empêchent la première coupe d'herbe et retardent les semailles des haricots ou détruisent les haricots déjà semés, sont particulièrement redoutées. Celles d'été sont néfastes ; des années comme

1926 et surtout 1927 sont tout à fait exceptionnelles heureusement.

Etagement des eaux d'étiage. — Les premiers travaux firent apparaître un point de vue inattendu : ils réussirent trop, en ce sens que le niveau des eaux d'étiage s'abaissa trop pour les convenances de la culture : on dut travailler à étager les eaux par des barrages et des écluses ; ce fut le le travail du Second Empire.

Travaux récents. — Depuis lors, les travaux ont consisté à perfectionner les écoulements. Le programme en voie d'achèvement est le plus considérable qui ait été exécuté. Il consiste à donner au lit de la Sèvre une largeur de plafond minima de 30m en aval de Bazoin, de 35m en aval du Sablon. A l'aval du confluent de la Vendée, il ouvre un nouveau canal avec un ouvrage de débouché en Sèvre Maritime. Cette nouvelle évacuation sera indépendante des envasements qui se produisent pendant l'été à l'aval de l'ouvrage des Enfreneaux. (Ce barrage protège le *Marais* contre les pleines mers, mais au prix d'une perturbation profonde des conditions naturelles du mouvement des eaux et des vases).

Bien que le nouveau canal ne soit pas encore en service, le bienfait des élargissements déjà acquis s'est fait nettement sentir jusqu'à Bazoin et un peu en amont.

LA TACHE PROCHAINE.

La nouvelle tâche est d'étendre ce résultat jusqu'en amont par les travaux de détail, dont certains sont déjà entrepris : curage de la Sèvre avec quelques élargissements ou corrections de courbes, amélioration de la Vieille-Autize, curage et élargissement du Mignon.

Lorsque sera achevé ce complément de programme, une étape importante aura été franchie. Selon toute probabilité, on aura réduit d'un tiers environ le délai de sept ou huit semaines qu'une crue mettait antérieurement à s'écouler.

APERÇU DE PROGRAMMES ÉVENTUELS.

Est-ce à dire que ce résultat donnera toute satisfaction ? Il est possible que, dans l'avenir, on désire mieux encore. Aussi un aperçu des moyens que l'on pourrait encore mettre en œuvre ne sera pas déplacé.

Pompage. — On a parlé de pompage. Les Hollandais ont

employé cette méthode avec succès dans les zones qui ne pouvaient trouver un écoulement à peu près naturel à marée basse. On peut également y songer comme appoint à une évacuation naturelle. Le pompage généralisé peut s'établir sans dépenses excessives ; par contre, les frais annuels d'exploitation sont élevés.

Réservoirs. — Une méthode toute différente consisterait à retenir les eaux en amont des *Marais* au moyen de barrages qui conserveraient une partie du débit des grandes pluies pour l'écouler ensuite progressivement. Ces mêmes barrages pourraient retenir jusqu'à l'été un petit approvisionnement qu'ils fourniraient pour lutter contre l'abaissement excessif du niveau d'étiage. Des réserves d'eau ne peuvent être établies sur les affluents de rive gauche de la Sèvre, Guirande, Courance et Mignon, dont les vallées sont trop plates. Il en serait autrement sans doute pour les Hautes vallées de la Sèvre, de l'Autize et de la Vendée. Si les barrages n'entraînent pour ainsi dire pas de dépenses annuelles, par contre leur construction représenterait une charge importante.

Ecoulement indépendant des rivières. — Si l'on voulait traiter les *Marais Mouillés* comme on a fait les *Marais Desséchés*, en les protégeant des eaux extérieures, cela conduirait à dériver la Sèvre et ses affluents à flanc de coteau, travail considérable que l'on n'a pas osé envisager.

On aurait à moindres frais un résultat analogue en endiguant les cours des rivières (avec un lit majeur) sur leurs emplacements actuels. L'inconvénient très apparent d'un pareil régime serait d'obliger dans chaque section de la vallée à trois voies d'écoulement distinctes, la rivière elle-même, les écoulements des terrains de sa rive droite et ceux de sa rive gauche.

Endiguement partiel. — Un syndic a suggéré dans le même ordre d'idées un programme moins ambitieux. On ne demanderait pas à l'endiguement de préserver de toutes les crues, mais seulement des petites ou moyennes, ce qui suffirait à réduire à presque rien le risque d'inondation d'été, le plus grave pour l'agriculture.

C'est seulement au moment de ces crues que l'on installerait les barrages destinés à compléter les endiguements à la traversée des diverses rigoles ou conches affluentes ; les quelques jours de gêne qui en résulteraient pour la circulation des bateaux seraient une faible rançon de l'avantage de protéger une récolte.

Certes on ne peut apprécier la portée d'une telle idée sans

les études de détail qui en auraient fait application à telle région déterminée du *Marais*. Il serait même bon de ne pas se contenter d'une étude et de voir quel résultat donnerait en pratique la région ainsi traitée après étude favorable.

Sous cette réserve, l'idée paraît assez intéressante pour mériter un examen détaillé.

ENTRETIEN DES OUVRAGES

Après cet aperçu des méthodes de perfectionnement du régime des eaux du *Marais*, nous devons ajouter qu'aucune amélioration ne sera durable si les ouvrages ne sont pas entretenus.

Cette observation touche un point difficile depuis la guerre à cause de la rareté et du prix élevé de la main-d'œuvre. Le désir de tous serait de posséder des engins mécaniques pour faire les curages autrefois exécutés à la main.

Ce problème industriel est malheureusement difficile parce qu'il doit s'appliquer à des cours d'eau étroits. Dans une partie du *Marais*, la difficulté s'aggrave encore pour le refoulement des déblais sur berge ; des arbres plantés sur la rive elle-même rendent impossible les couloirs des dragues usuelles.

Cette grave question a mérité d'être examinée à part par le Congrès. Mais il a paru bon, dans le rapport d'ensemble sur le régime des eaux des *Marais Mouillés*, de dire en quelques mots la place de premier plan qu'exige l'entretien des ouvrages de dessèchement.

LES MARAIS DE LA VENDÉE

A l'exception des Marais Mouillés de la Sèvre Niortaise)

HISTORIQUE — SITUATION ACTUELLE
AMÉLIORATIONS PROPOSÉES

Par Louis Brochet
Ingénieur principal honoraire du Service Vicinal
Ancien Secrétaire du Syndical des Marais Mouillés de la Vendée

---

Avant propos

Afin de rendre un juste hommage à tous ceux qui ont traité la question si complexe et si attrayante des marais, et aux lumières desquels nous avons fait de larges emprunts, nous devons, pour éviter les nombreux renvois, toujours fatigants pour le lecteur, citer les noms de Etienne Clouzot, *Les marais de la Sèvre et du Lay du X° à la fin du XVI° siècle* ; — Cavoleau, *Statistique de la Vendée ;* — La Fontenelle de Vaudoré, *Les Chroniques Fontenaisiennes* ; les savantes communications de M. Sarazin, Directeur des Services Agricoles de la Vendée, les notes intéressantes fournies par M. Dugast, Secrétaire de la Société des Marais desséchés de Maillezais, Maillé, Vix et Doix et par M. Dreneau Léopold, propriétaire à Chaillé-les-Marais.

Nous remercions vivement ceux qui ont bien voulu nous aider dans notre tâche.

Nous regrettons que M. l'Ingénieur en chef des Ponts et chaussées de la Vendée n'ait pu nous fournir aucun des renseignements que nous lui avions demandés sur la situation des divers marais du département, sur les inconvénients du régime actuel des eaux et sur les remèdes qu'on pourrait y apporter. A défaut des avis autorisés du fonctionnaire chargé du Service hydraulique, nous avons dû nous borner à reproduire les réponses faites par une partie seulement des Présidents des Syndicats de marais, auxquels M. le Directeur des Services Agricoles avait obligeamment transmis un questionnaire à ce sujet. Nous nous excusons de ne présenter au Congrès qu'un étude fort incomplète sur ces questions techniques, si complexes et si importantes pour la prospérité de la région.

PREMIERS DESSÈCHEMENTS DU BAS-POITOU

A l'extrémité occidentale des marais de la Sèvre Niortaise, le Lay, descendant tout droit du nord, s'attardait quelque temps à suivre les hautes terres et serpentait au milieu de vases et de sable jusqu'à la mer.

Sur les points les plus élevés de ces marécages, sur les îles entre les cours d'eau, où croissait une luxuriante végétation, vivaient des hommes à demi sauvages qu'on nommait les colliberts. C'est à l'industrie de ces hommes primitifs qu'est dû le premier essai de réglementation des eaux. Pour prendre le poisson destiné à leur entretien, ou exigé par la table monacale des abbayes, ils construisirent des barrages factices appelés écluses, qui, en établissant des différences de niveau, formèrent un premier régime des eaux. Aux Xe et XIe siècles, le nombre des écluses échelonnées sur le Lay et les autres cours d'eau était assez considérable. Bientôt, à côté des pêcheries, s'établirent des moulins où l'on venait moudre le grain récolté sur les îles et sur les côtes. De là à cultiver le marais, il n'y avait qu'un pas. Ce pas fut franchi avant la fin du Xe siècle.

Un peu plus tard, vers 1060, les rives du Lay voyaient se produire des tentatives analogues. A Angles, sur les bords du marais, en 1091, on faisait les semailles, on moissonnait. Un peu plus tard, on commençait à mener les troupeaux au marais, comme au meilleur des pâturages. A côté des terres arables, on ménageait sans grand effort quelques grasses prairies, que l'humidité fertilisait à souhait.

Ce que de simples particuliers avaient accompli pour des atterrissements restreints, l'Eglise résolut de l'entreprendre en grand, excellente occasion pour les moines d'exercer leur activité, en contribuant au bien-être du pays tout en augmentant leurs propres ressources.

LES GRANDS DESSÈCHEMENTS DU XIIIe SIÈCLE

Une trentaine d'abbayes possédaient des biens aux XIIe et XIIIe siècles dans les marais ; quatre d'entre elles s'étaient fondées sur des îles au cœur du pays ; c'étaient les puissantes abbayes de Maillezais et de Saint-Michel-en-l'Herm et celles plus modestes de Moreilles et de Charon. D'autres s'étaient établies sur les côtes, dans le voisinage immédiat des marais : telles celles de Nieul-sur-l'Autize, Luçon et Lieu-Dieu-en

Certaines plus éloignées avaient fondé des prieurés ou acquis des métairies sur ces terres nouvelles. L'abbaye de l'Absie en Gâtine s'était fait concéder en 1152 quelques marais à l'Anglée, sur les bords de la Vendée ; l'abbaye de Bois Grolland en possédait plusieurs à Champagné ; le prieuré de Vouillé relevait de Saint-Maixent et celui de Saint-Martin des Fontaines appartenait au lointain monastère de Marmoutier.

Enfin, l'ordre des Templiers possédait en bas Poitou la commanderie de Puyravault dans l'île de Champagné. Cet ordre possédait aussi dans la paroisse de Chaillé le petit marais des Verdineries, au sujet duquel un procès intenté par le commandeur François Petit se termina par une transaction passée le 31 juillet 1643, devant Maîtres Benéteau et Baudon, notaires à Fontenay-le-Comte.

C'est dans le bassin du Lay et la partie inférieure du bassin de la Sèvre Niortaise que prenaient naissance les tentatives de dessèchement les plus importantes.

Vers la fin du XII° siècle (1199), les religieux de Moreilles firent creuser un *achenal* ou canal de sept km. de long, le le *Bot neuf* partant de l'extrémité nord de l'île de Chaillé pour tomber dans l'Anse du Braud.

Cette même année, frère Ortensius, encouragé par ces premiers essais, demande aux religieux de Luçon et de Chaillé d'élever des bots et de creuser des achenaux à travers leurs seigneuries jusqu'à la mer. L'autorisation accordée fut mise à profit, et en 1210 nous révèle l'existence d'un nouveau canal, celui que les textes appelleront plus tard le *Bot de Vendée*, qui, partant de l'extrémité de Chaillé, passait par Moreilles et allait tomber dans l'achenal de Luçon.

Avant d'arriver au canal de Luçon creusé vers 1100, le nouveau bot recevait les eaux du chenal de la *Grenetière*, ouvert par les religieux de Moreilles au début du XIII° siècle, Ce canal, appelé aussi étier du *Belon*, se prolongeait au travers de l'île de Champagné, jusqu'à la mer. Il était dans cette partie de son cours flanqué de deux autres achenaux de moindre importance : à l'ouest, l'achenal de la *Pironnière* ou étier du Sauzin ; à l'est, l'achenal du *Bourdeau* ou de Bordes.

En dehors des terres hautes se trouvait encore, parallèlement au bot de *Vendée*, l'étier du *Bois*, qui reliait les achenaux de la *Grenetière* et de *Luçon*, en longeant l'île de Champagné et l'étier des Ouvres ou bot de l'*Œuvre*, au nord de l'étier du *Bois*, suivant une direction identique et tombant comme lui dans le canal de *Luçon*.

Autour de Chaillé et un peu plus au nord, à l'Anglée, les religieux de Moreilles voyaient leurs efforts secondés par leurs confrères de l'Absie, qui eux aussi construisaient des bots, faisaient des plans de canaux ; leurs marais entrèrent en pleine exploitation avec l'ouverture de l'acheneau de l'Anglée passant à travers les terres de Vouillé, et se rendant à Marans.

Cette œuvre importante, qui se place au début du XIII° siècle, avant 1217, réussit à souhait. A l'amorce du bot, une porte de fer ménagée sous une arche laissait passer l'eau selon les besoins.

Cependant le rayon d'action du nouveau bot demeura assez restreint, et c'est alors, sans doute, que les religieux, s'apercevant que leurs efforts disséminés ne produisaient aucun résultat sérieux, comprirent qu'il fallait agir d'après un plan général, et résolurent de grouper leurs ressources et leurs travailleurs.

En 1217, les abbés de l'Absie, Saint-Maixent, Maillezais, Nieul-sur-l'Autise et Saint-Michel-en-l'Herm formèrent une association, grâce à laquelle fut creusé l'achenal désigné communément sous le nom de canal des *Cinq abbés* et dont le cours a peu varié depuis sept siècles. Sa longueur est de près de neuf km. Il part de la *Perle* près de Vouillé, et, après une direction assez irrégulière, tombe dans l'anse du *Braud*.

Parmi les autres canaux creusés vers cette époque, on peut citer l'Etier du *Morillon* qui, partant du *Rocher* de Chaillé, rejoignait à trois km de là un autre bot, le bot de l'*Œuvre neuf*.

Si on n'est pas fixé sur la date de l'achèvement de ce canal, on l'est sur la date précise d'une œuvre beaucoup plus considérable, la plus considérable qui ait été entreprise avant le XVII° siècle, l'*Achenau-le-Roi* creusé par les soins de Philippe le Hardi en 1283, et voici dans quelles conditions :

Pour traverser la Vendée entre le Poiré et Velluire, on avait substitué à l'ancien gué, une chaussée praticable, sous laquelle étaient ménagées des arches pour laisser passer l'eau. Le nouveau pont ou Pontreau manquait d'ouverture : « les eaux étaient retenues et passaient à l'aise partout ». La différence de niveau assez sensible qui en était résultée avait même permis l'établissement d'un moulin et d'un canal de dérivation.

En construisant ce pont, les habitants de Velluire ne s'étaient nullement inquiétés des conséquences que leur entreprise pouvait entraîner. L'été, tout allait bien, mais l'hiver, les eaux montaient rapidement en amont de Velluire, menaçant d'inonder les lieux bas. Les habitants du faubourg des Loges de Fontenay restaient à la merci d'une crue un peu forte. Pour parer au danger, les Fontenaisiens avisèrent secrètement de venir la nuit couper la chaussée du Pontreau et du Bot de l'Anglée. Ils sauvèrent le faubourg des Loges, mais causèrent la perte du marais. La situation s'aggravant, les habitants des paroisses de Coussaye, le Langon, Mouzeuil, Velluire et Sainte-Gemme décidèrent d'ouvrir un nouveau canal, espérant ainsi concilier les intérêts opposés de Fontenay et des villages du marais. Ce canal ,creusé ainsi que nous l'avons dit en 1283, reçut le nom d'*Achenal-le-Roi*. Il devait partir de l'extrémité nord du bot de l'Anglée pour se diriger « le plus droit possible vers Luçon ». En réalité, son parcours n'était rien moins que droit. De l'Anglée, il suivait une direction est-ouest, jusqu'au *Bouil*, puis il remontait vers le nord-ouest et décrivait une légère courbe pour aller tomber dans l'achenal de Luçon à un km environ au sud de la ville (1).

Cette vaste ceinture entourant les marais desséchés sur 19 km de longueur se complétait par le *contrebot-le-Roi*, creusé au pied d'une digue ou bot qui recevait les eaux descendant de la plaine et les écoulait dans l'Achenau-le-Roi au moyen d'arches en pierres ménagées dans le bot et fermées de vannes, comme celles de l'Anglée (2).

Le *contrebot-le-Roi* contemporain de *l'achenal* partait comme lui de l'Anglée et se dirigeait aussi vers Luçon, mais longeait de plus près les terres hautes. Il passait près du *Bouil*, au sud du *Langon*, au lieu dit : *La Nouère*. Au delà, il suivait une direction sensiblement parallèle au cours de *l'Achenau-le-Roi* jusqu'à la hauteur de Nailliers. Il ne semble pas avoir été poussé plus loin que ce dernier point. (3).

L'Achenal-le-Roi et son *contrebot* furent creusés aux frais des paroisses de Nalliers, le Langon, Mouzeuil, Velluire, Sainte-Gemme, Auzay, Petosse, l'Hermenault, Pouillé, Saint-Valérien, Saint-Laurent de la Salle ; parmi ces paroisses, quelques unes sont très éloignées du marais, ce qui est une con-

---

(1) L'ancien tracé de l'Achenal-le-Roi est encore très visible dans le communal du Langon. L'achenal-le-Roi, recreusé au XVII° siècle, n'a reçu que tardivement le nom de canal du Hollandais.

(2) Au delà de la *Nouère* située à l'Ouest du *Bouil*, le contrebot est nettement marqué sur les cartes de l'Etat major.

(3) Au XVI° *siècle*, on voyait encore au Langon, les ruines d'une de ces arches.

firmation des changements économiques provoqués par les dessèchements.

Tandis que les marais du nord de la Sèvre subissaient cette transformation, des travaux analogues, mais dans un cadre beaucoup plus restreint, étaient entrepris dans le bassin du Lay.

RUINE ET ABANDON DES TRAVAUX PENDANT LA GUERRE DE CENT ANS

Le creusement du canal dit *l'Achenal-le-Roi* en 1283 fut la dernière entreprise du XIIIᵉ siècle. Sous la pioche et la charrue les marais desséchés se transformèrent. Les champs de blé alternèrent avec les prés et les vignes. Sur les bords du Lay, les terres franches du marais produisaient du froment et des fèves. Les canaux de dessèchement servirent à transporter les nouveaux produits dans les villes de la Rochelle, Fontenay, Luçon, Niort même, dont le port franc venait d'être établi.

Ces travaux avaient été bien conçus, et certains de ces canaux, tels que *l'Achenal-le-Roi* et le *canal des Cinq-Abbés*, devaient garder jusqu'à nos jours leur tracé primitif. Mais malheureusement, les causes intérieures qui provoquèrent la ruine des dessèchements se rattachent toutes plus ou moins à une cause unique : la guerre de Cent ans qui désola le pays de 1346 à 1450 ; au milieu des désastres sans nom qui caractérisent cette triste époque, les canaux s'envasaient, les bots s'écroulaient et les inondations jusqu'alors exceptionnelles devinrent fréquentes. Les eaux de la Vendée ne trouvant plus un écoulement suffisant refluèrent vers Fontenay et couvrirent à plusieurs reprises le faubourg des Loges. Autour de Saint-Michel-en-l'Herm, la mer reprit le terrain que naguère elle avait abandonné, et les marais retombèrent à l'état sauvage.

Cependant en 1409, la royauté prit des mesures qui ne visaient à rien moins qu'à rétablir en leur état primitif tous les marais compris *entre Niort et Beauvoir-sur-mer* et une réunion des principaux intéressés fut fixée au 28 juillet 1409, à Fontenay-le-Comte, en l'hôtel des *Prêcheurs ou Cordeliers*, mais ces tentatives de restauration ne produisirent que de faibles résultats, et ce n'est qu'en 1442 sous la direction de « Maistre Jehan Beauchet ,qu'on commença quelques réparations d'une portée minime », dont bénéficièrent certaines régions des marais du nord de la Sèvre, comme Champagné, Puyravault, Sainte-Radegonde et Chaillé.

Mais au sud de la Sèvre, l'état des marais resta lamentable. Les marais du Lay n'étaient pas mieux partagés ; tous les terrains compris entre Angles, Longeville, la Faute et la Tranche étaient à chaque instant inondés et submergés. Le désastre était universel.

Vaines tentatives de restauration au XVIe siècle

Un demi-siècle après l'expulsion des Anglais, nous retrouvons les marais de la Sèvre et du Lay dans l'état où la guerre de Cent ans les avait laissés. Les marais de Champagné eux-mêmes, qui semblaient avoir un moment retrouvé leur ancienne prospérité, étaient redevenus sauvages. Aux environs de 1507, tous les achenaux qui découpaient le marais *entre l'Achenal de Bot-neuf et le canal de Luçon*, étaient remplis de boue, les bots tombaient en ruine, l'eau circulait librement et, tous les hivers, inondait la contrée ; le marais retombait à l'état sauvage, uniquement pour défaut de réparations.

Au bout de vingt ans seulement, l'autorité royale se décida à intervenir de façon énergique pour mettre fin au désastre. Le 11 août 1526, le roi manda au Sénéchal de Poitou ou à son lieutenant de Fontenay-le-comte, de contraindre ou faire contraindre « tous évêques, abbés et autres gens d'église, nobles, roturiers, à faire payer les réparations nécessaires sous peine de saisie de leurs biens ».

Mais ces prescriptions produisirent peu d'effet, si ce n'est que le bot de *Garde*, dont les eaux se jetaient dans le canal de Luçon, fut entièrement reconstruit. Pour obtenir un résultat appréciable, il eût fallu encore remettre en état les achenaux, travail dont le procès-verbal, dressé par les experts, reconnaissait l'utilité, sans rien dire de son exécution.

C'est ainsi que les choses se passèrent pour l'achenal de Luçon. Ce canal, où remontaient des « navires portant hune » jouait un rôle aussi important comme œuvre de dessèchement que comme voie de communication. Il recevait à l'ouest, les eaux du marais de Triaize, par le bot de *Fontenelles* ; à l'est, celles des marais de Champagné par *l'Achenal-le-Roi*, le bot de *Vendée*, le bot de *l'Œuvre*, et *l'étier du Bois*. Son entretien incombait à la fois à l'évêque, au chapitre de Luçon, et au seigneur de Champagné ; mais les trois intéressés, en complet désaccord au sujet des réparations, n'en voulaient faire que le moins possible, et un long procès s'engagea, qui n'était pas terminé en 1527. En 1535, s'ouvrit une nouvelle enquête ; en 1539, elle traînait encore. Et pendant que les intéressés se rejetaient les uns sur les autres les responsabilités et se dépensaient en assignation, appel ou opposition, le canal de Luçon continuait à s'envaser ; les marais jadis si fertiles disparaissaient sous les eaux stagnantes auxquelles un débouché faisait défaut.

Les inondations ayant repris de plus belle, c'est encore l'autorité royale qui dut intervenir. Vers le milieu du XVIe siècle, une aide de six deniers par livre fut levée sur les habitants de l'élection de Niort « pour employer aux réparations des digues de la mer » ; mais les Niortais demandèrent à appliquer directement le produit de cette taille additionnelle au creusement de la Sèvre où s'accumulaient « sables et haraines ». Des lettres royales du 1er janvier 1554 leur donnèrent gain de cause et les digues ne furent pas relevées.

Ce détournement de fonds n'était point fait pour encourager les bas poitevins à entretenir les œuvres de dessèchement. Ils s'obstinèrent dans leur inertie ; las de prodiguer des objurgations inutiles, le substitut du procureur du roi à Fontenay envoya au sénéchal de Poitou une requête, à la suite de laquelle le roi François II ordonna par lettres patentes du 23 janvier 1559 de contraindre les intéressés à faire les réparations nécessaires.

En 1568, nouvelle intervention royale pour faire recurer *l'Achenal-le-Roi*, *l'Achenal du Langon* et autres, « pour évacuer les eaux à la mer ».

La ruine du pays n'était pourtant pas encore arrivée à son comble : le pillage et l'incendie causés dans la seconde moitié du XVIe siècle par les guerres de religion allaient l'achever et il fallut l'avènement du roi Henri IV pour faire renaître une ère de prospérité. Disons pourtant qu'en 1582, 1583, 1586 et 1587, des travaux furent exécutés à l'achenal de *Luçon*, pour faciliter l'écoulement des eaux ; mais l'entreprise s'arrêta là, et ce n'est qu'à l'extrême fin du XVIe siècle que l'autorité judiciaire se décida à intervenir à nouveau. Une requête du procureur du roi provoqua les 6 et 7 mars 1597 une première visite conduite par Pierre Brisson, sénéchal de Fontenay ; mais presque tous les appelés firent défaut et cherchèrent un prétexte pour se dérober à leurs obligations.

A la requête du procureur du roi, Pierre Brisson fit alors une dernière visite le 15 septembre 1598 qui porta sur les achenaux de Luçon, de la Pironnière, de la Grendière, du Bourdeau, de Puyravault, du Bot-neuf, et des Cinq-Abbés. Mais la sentence qui suivit cette visite, prononcée le 28 janvier 1599, n'eut d'ailleurs rien de définitif, et il faut l'acte du 15 novembre 1599, pour que quelque chose de précis fixe les droits et les devoirs de chacun. Cet édit accordait à *Bradley de Bergues*, sous certaines conditions, le dessèchement des marais du Poitou. Cet édit fut complété par d'autres du mois de janvier 1607, du 3 décembre 1614, du 17 août 1617, du 12 avril 1639. Ce dernier arrêt de la Cour des Aides nommait Pierre Siette ingénieur des dessèchements en remplacement de Bradley de Bergues. Et en effet, le 15 octobre 1646, intervenaient les statuts des marais du Petit-Poitou.

DESSÈCHEMENT DES MARAIS DU PETIT-POITOU

DU BOUIL ET DE LA VACHERIE

En 1643 fut commencé le premier dessèchement régulier et complet dans la partie occidentale du bassin de la Sèvre, entre la *Vendée* et le canal de *Luçon*. Ce dessèchement fut terminé et partagé en 1646. Il contient 5176 hectares, et il est connu sous le nom de marais du *Petit-Poitou*. Il s'étend du nord au midi, depuis le canal du Hollandais jusqu'à la Sèvre ; du levant au couchant depuis le canal des Cinq-Abbés jusqu'aux marais de Champagné et de la Vacherie. Il embrasse tout le territoire de la commune de Sainte-Radegonde-des-Noyers, une partie de la commune de Champagné, une partie de celle de Puyravault et presque toute celle de Chaillé-les-Marais.

Le dessèchement du *Bouil* dans la commune du Langon fut entrepris en 1649. Il a très peu d'étendue et touche au précédent.

La Vacherie. — Entre le marais du Petit-Poitou et le canal de Luçon, s'étend, dans la commune de Champagné-les-Marais, le marais de la Vacherie d'une superficie de 1.060 hectares. Il fut desséché de 1650 à 1656. Contigu au marais du Petit-Poitou, il s'étend jusqu'au canal de Luçon.

Dessèchement des marais de Vix, Maillezais, Doix etc....
Le dessèchement des marais de Vix, Maillezais, etc... sur la rive droite de la Sèvre Niortaise fut entrepris par François

Brisson, Président et Sénéchal de Fontenay, et ses associés, en vertu de la déclaration de Louis XIV du 20 juillet 1643 confirmative des privilèges accordés par Henri IV en 1599 et 1607 à Humfroy Bradley, de Berg op zoom, et par Louis XIII en 1641 à Pierre Siette, ingénieur du roi. Le partage fut fait entre les intéressés le 24 octobre 1663 ; une autre partie fut partagée le 13 octobre 1672.

Ce dessèchement s'étendit sur les communes de Vix, Doix, Fontaines, Montreuil, Saint-Pierre-le-Vieux, Maillezais, Maillé, Velluire, le Gué de Velluire, l'Ile d'Elle ; il est garanti des eaux de l'Autize, de la Sèvre et de la Vendée et de celles de nombreux marais mouillés qui le séparent des terres hautes, par neuf digues et levées dont le développement est de 55.000 mètres.

Il contient 4.801 hectares, 25 ares, 88 centiares, y compris les digues, chemins et canaux. La contribution pour l'entretien des digues et canaux est votée chaque année par les principaux intéressés : elle est la même pour les marais de Vix, Maillé, Maillezais et Doix ; le tènement particulier de Gargouillaud, réuni en 1838, n'en paie que les 3/4 ; 161 hectares paient un abonnement fixe et 30 sont exempts de contributions.

Cinq canaux principaux et de nombreux fossés de 3 à 4 m. de largeur portent les eaux de l'intérieur du dessèchement au *grand canal de Vix* ; cet écours, dont la largeur moyenne est de 7 m. en sole et la longueur de 24.000 m., prend naissance au pont *des Douves*, en la commune de Maillé et a son embouchure dans la Sèvre à l'anse du Braud, en la commune de Marans ; il se termine par une vanne ou porte à coulisse et par des portes de flot qui ouvrent et ferment à toutes les marées ; l'ensemble des canaux et fossés entretenus dépasse 140 km.

Ce canal passe sous les rivières de l'Autise et de la Vendée au moyen de deux ponts aqueducs ; celui dit du Gouffre sous la Vendée a été reconstruit en 1835 en piles et dalles en fonte de fer, d'après les plans de M. Morandière, ingénieur des Ponts et chaussées.

La grande digue, dont la longueur est de 22.600 m., est bordée au nord par le canal de Vix et au sud par l'écours général du contrebot, à l'entretien duquel contribue le dessèchement de Vix concurremment avec ceux de la rive gauche de la Sèvre et les marais mouillés de l'Autize, de la Sèvre et du Mignon. Un certain nombre de marais mouillés passent leurs eaux par le marais desséché de Doix, Montreuil et Velluire.

Société des marais de la Dive

La propriété de la Dive et ses dépendances, appartenant antérieurement à l'abbaye bénédictine de Saint-Michel-en-l'Herm, a été vendue par l'Etat comme bien national et acquise par les époux Durand-Memier, suivant procès-verbal d'adjudication passé devant le district de Fontenay-le-Peuple le 15 avril 1791. Le 27 mars 1838, les héritiers procédèrent au partage de la dite propriété et convinrent des conditions d'entretien des écours.

Cette propriété d'environ 430 ha. de marais, touchant au chenal de la Rague et au canal des Sergents, ouvrages très anciens et dus certainement aux moines de Saint-Michel-en-l'Herm, a été très morcelée et, par suite de nombreuses mutations, appartient aujourd'hui à plus de 150 propriétaires différents.

Ce morcellement avait rendu impossible l'entretien des écours imposé par le partage de 1838 ; c'est pourquoi la société des marais de la Dive, instituée par ce partage, a été transformée en société syndicale administrative en 1920 par les soins de M. Camille Dreneau, agriculteur à Chaillé-les Marais, qui en a été le premier président et les statuts ont été approuvés par la préfecture de la Vendée.

Indépendamment des nombreux travaux de dessèchement entrepris autour de la Dive, l'Etat, avec le concours des intéressés, a fait construire sur la côte une digue protectrice monumentale de plus de 7 km. de longueur. Ce travail gigantesque a été fait pour la plus grande partie en 1884, 1885 et 1886 ; il s'est continué depuis et doit se prolonger jusqu'à la pointe de l'Aiguillon.

Les Ponts et Chaussées ont là une fort confortable maison d'habitation et de vastes magasins pour abriter matériel et matériaux. Ils veillent constamment à l'entretien de la digue qui malgré sa solidité est rudement attaquée et parfois détériorée par les vagues des tempêtes.

Bassin du Lay

A une époque relativement peu éloignée, tous les marais situés dans le bassin du Lay, à l'ouest du canal de Luçon, dans les communes de la Couture ,du Rosnay, du Champ-Saint-Père, de la Bretonnière, de la Claye, de Lairoux, de

Curzon, de Saint-Benoît d'Angles, de Saint-Denis du Payré, de Grues, de Saint-Michel-en-l'Herm, de Triaize, de Chasnais, des Magnils-Reigniers et de Luçon, étaient inondés par les eaux du Lay, et le seraient encore en totalité si des digues n'en garantissaient la plus grande partie.

La première tentative de dessèchement fut sans doute de creuser, de la mer à Saint-Benoît, le canal de Moricq, dont l'utilité principale fut toujours de faciliter l'exportation des denrées produites par les parties de la Plaine et du Bocage situées à l'ouest du Lay.

Quoi qu'il en soit, au XIIIe siècle, sur la rive droite du Lay, les dunes de sable avoisinant Longeville, se prêtaient assez à la culture pour permettre la levée d'une taille assez élevée. Les marais proprement dits étaient l'objet d'une exploitation à Angles, à Curzon, à la Claie, de la part des religieux de Talmont, Angles, Fontaines et Bois Grolland. Au début du XIVe siècle, on récoltait du froment et des fèves sur le bord de la mer, à l'abri des relais et des digues. Sur l'autre rive du Lay, les religieux de Luçon et de Saint-Michel-en-l'Herm s'occupaient, depuis le XIIe siècle au moins, de la mise en valeur des marais. Ces *Michelins*, que nous avons vus participer au creusement du canal des Cinq-Abbés, avaient à plus forte raison intérêt à dessécher les abords immédiats de leur monastère.

Ce petit fleuve ou du moins l'un de ses bras traversant les marais de Grues, Saint-Denis du Payré et Saint-Michel-en-l'Herm, allait se perdre dans le canal de Moricq et de là dans le Pertuis Breton.

Pour garantir ses propriétés de l'inondation du Lay, particulièrement du bras dont le cours était dirigé vers le golfe de l'Aiguillon, le chapitre de Luçon fit construire une digue nommée *Bot Bourdin*, qui, s'appuyant au nord sur le promontoire de Saint-Denis-du-Payré, venait se terminer au sud sur une digue que l'on avait déjà opposée à la mer. Elle garantit les marais de Triaize, de Chasnais, des Magnils-Reigniers et de Luçon.

Les Bénédictins de Saint-Michel-en-l'Herm propriétaires de la plus grande partie des marais de Saint-Michel-en-l'Herm, de Saint-Denis du Payré, essayèrent à leur tour d'en faire le dessèchement. Pour y parvenir sans nuire à l'écoulement des eaux, il eût fallu encaisser par des digues les deux bras du Lay, afin de contenir les eaux dans le lit que chacun s'était formé ; mais cette dépense les effraya sans doute, et sans calculer les suites, ils trouvèrent plus commode de supprimer le bras oriental, celui qui se jetait dans le golfe de l'Aiguillon. Il y a même lieu de croire qu'ils supprimèrent également le bras occidental ; car la pente du terrain a démontré en 1715 à l'ingénieur en chef de la généralité de Poitiers, que le bras qui subsistait alors était un canal factice, et que le lit naturel du bras occidental du Lay avait été précédemment intercepté. Ces religieux firent donc élever une digue qui, s'appuyant sur la côte occidentale de l'ancien promontoire de Saint-Denis du Payré auprès de la métairie de *la Malvoisine*, et s'élevant au nord, suivant une courbe parabolique, se rapprochait de la terre de Saint-Benoît ; et, se dirigeant à l'ouest, puis au sud, venait aboutir au banc de sable du *Braud*, qui bornait une partie de ces marais, du côté de la mer, au sud-ouest. Pour se garantir des inondations de la mer, ils prolongèrent sur ces rivages, de l'est à l'ouest, la digue du *Bot de Ribandon*, à partir de l'extrémité méridionale du *Bot Bourdin*. Leur dessèchement se trouvait ainsi enclavé à l'est par le bot Bourdin, au nord et à l'ouest, par la nouvelle digue à laquelle on donna le nom de *bot Grolleau*, au sud par le banc de sable du Braud et le bot de Ribandon, mais l'établissement du bot Grolleau interceptait le cours du Lay, et en faisait refluer les eaux sur les marais supérieurs, qui se trouvèrent beaucoup plus inondés qu'ils ne l'étaient ci-devant.

Il restait à la vérité, entre la digue et la terre ferme, un certain intervalle par lequel les eaux du Lay pouvaient encore s'écouler dans le canal de Moricq ou rivière de Saint-Benoît ; mais l'inspection des lieux démontre que ce ne pouvait être que par direction forcée, et que la plus grande partie des eaux arrêtées par la digue devait rester en stagnation sur les marais.

Rien ne devait être plus facile que de contraindre les Bénédictins de Saint-Michel-en-l'Herm à restituer aux eaux du Lay le cours que la nature leur avait tracé ; mais les propriétaires de ces marais ne se doutèrent peut-être pas que l'équité naturelle fortifiée par la loi civile leur donnait le droit d'en faire la demande ; et ils se bornèrent à prolonger par un canal artificiel le cours de la rivière de Saint-Benoît jusqu'au delà du passage de la *Claye*. Ce canal connu aujourd'hui sous le nom de *petit canal du Lay*, coule le long et très près des terres hautes de la commune de Curzon. Qu'il ait été creusé par la main de l'homme, c'est une vérité incontestable.

Ce canal, dont les dimensions étaient trop faibles et le

lit plus élevé que le centre du marais, était insuffisant pour le dessécher. Une longue et triste expérience le démontrait. Il fallait d'autres moyens pour opérer ce dessèchement. La nature les indiquait : c'était de rétablir les anciens bras ou du moins l'un des anciens bras de la rivière. Ce moyen fut adopté et exécuté en 1656, par le marquis de la Boulaye et les autres propriétaires de ces marais. Il paraît qu'ils prirent alors le parti de rétablir le bras oriental qui se jetait dans le golfe de l'Aiguillon ; car un arrêt des Conseils du 26 août 1704 dit formellement que ce canal débouchait directement à la mer, ce que l'on n'aurait pas pu dire du bras occidental qui se jetait dans la rivière de Saint-Benoît ou *canal de Moricq*. Pour exécuter cette entreprise et donner passage au nouveau canal, il aurait fallu percer le *bot Grolleau* très près de l'extrémité qui s'appuie sur la terre ferme de Saint-Denis-du-Payré.

L'entreprise était à peine terminée, lorsque la mort et le dérangement de la fortune du marquis de la Boulaye portèrent le trouble et la confusion dans la société dont il était l'âme. Les Bénédictins profitèrent de cet évènement pour rétablir le *bot Grolleau* dans le point où il avait été coupé par le nouveau canal ; et les eaux refluèrent comme par le passé sur les marais supérieurs.

Un arrêt du Conseil d'Etat du 26 août 1704 ordonna que le mal commis par les Bénédictins serait réparé aux frais de ses auteurs. Il ordonna de plus que les dégradations survenues au canal dans toute sa longueur seraient réparées aux frais des propriétaires riverains. L'arrêt du Conseil du 26 août 1704 ordonna de plus la démolition des nombreux bouchots établis dans le Lay pour la pêche des anguilles. Ces bouchots en effet nuisaient à la navigation.

En 1715, l'intendant de Poitiers ordonna que ces marais seraient visités par l'ingénieur de la province, qui s'y transporta en effet au mois d'août de cette année. Il fit un nivellement général depuis *Morte-vieille* jusqu'à Saint-Benoît, en dedans et en dehors du *bot Grolleau*. Il résulta de cette opération : 1° qu'au commencement du mois d'août, le marais était couvert d'un pied et demi d'eau dans sa partie supérieure entre le port de la *Claye* et *Mortevieille* ; 2° que en dehors du bot Grolleau, le sol était sensiblement plus élevé qu'en dedans et que, par conséquent, sa pente naturelle conduisait les eaux du Lay à la mer par les terres de Saint-Denis-du-Payré, Grues et Saint-Michel-en-l'Herm, à travers le *bot Grolleau*.

Ce fut en 1739 que les travaux du nouveau dessèchement furent commencés : ils furent terminés en 1742 ; mais des considérations particulières firent abandonner le canal creusé par le marquis de la Boulaye et reprendre l'ancien bras occidental du Lay, qui se jette dans le canal de Moricq. Ce marais est maintenant connu sous le nom de Marais de la Claye. Depuis cette époque, il a été florissant sous la direction d'une société établie depuis 1742. Les eaux s'écoulent lentement et couvrent le marais jusqu'à la fin du mois de mai. Dès la fin de mars, l'on voit sortir du sein des eaux, une quantité prodigieuse de *fétuque flottante*, que les animaux dévorent. Un pâturage plus abondant succède à celui-ci jusqu'au commencement de juillet. Un mois ou quarante jours suffisent ensuite dans une terre profondément humectée et réchauffée par les ardeurs de la canicule pour produire et mûrir une grande quantité de fourrages, auxquels succède un troisième herbage qui dure jusqu'à l'inondation.

Nous avons dit que le Lay versait ses eaux sur une grande étendue de marais située à l'ouest du marais de Moricq ; mais il ne contribuait pas seul à leur submersion. Il trouvait un auxiliaire dans le ruisseau de Troussepoil, qui sépare à l'ouest la *Plaine* du *Bocage*. Le dessèchement de toute cette plage fut autorisé par un arrêt du Conseil du 10 mai 1721, et exécuté dans les années suivantes. C'est le dessèchement connu sous le nom de *marais de Moricq*. Il s'étend, de l'est à l'ouest, depuis le canal de Moricq jusqu'aux terres hautes de Longeville, et du nord au sud, depuis la plaine d'Angles jusqu'à la côte du Pertuis Breton. Il contient 4.700 hectares.

Le marais occidental et ses anciennes iles

A une époque très reculée, la baie de Bourgneuf s'avançait dans le continent de 10.000 m. de plus qu'aujourd'hui, et la mer occupait, dans le département de la Vendée, tous les marais des communes de Bois-de-Céné, Châteauneuf et Saint-Gervais. Pour se former une idée exacte de l'étendue et des limites de cet ancien golfe, il faut, sur la carte de Cassini, tracer une ligne qui descend du nord au sud de Bourgneuf, un peu au-dessus de Port la Roche, qui remonte le ruisseau du Falleron jusqu'à sa bifurcation ; qui descend ensuite sur Châteauneuf et de là à Beauvoir un peu au nord de la route de Beauvoir à Machecoul.

Entre Beauvoir et l'île de Bouin se trouvait un détroit dont la largeur pouvait être au moins de 4.000 m., et par lequel le bras de mer qui sépare l'île de Noirmoutier du continent communiquait avec le golfe. A l'entrée du golfe était placée l'île de Bouin, beaucoup moins étendue qu'elle ne l'est aujourd'hui, puisqu'elle s'accroît chaque jour des atterrissements qui se forment continuellement sur ses côtes. Toute la partie du continent située à l'ouest de Beauvoir et particulièrement l'ancienne commune de la Crosnière ou Notre-Dame-de-Pé aujourd'hui réunie à Beauvoir, était couverte par les eaux (1).

Dans le même temps, le bras de mer qui sépare l'île de Noirmoutier du continent, s'enfonçait dans les terres, du côté du sud-est et formait un second golfe plus étendu que le premier. La terre ferme de Beauvoir et de Saint-Gervais formait entre ces deux golfes un cap avancé dans la mer de 8.000 m., dont la base était une ligne tirée perpendiculairement de Châteauneuf à Sallertaine.

La côte de Saint-Jean-de Mont formait alors un cap étroit et très avancé à l'ouest du golfe, qui était entouré d'une ceinture de dunes dont les tracés subsistent encore d'une manière sensible dans une plage sablonneuse. (Depuis plus de 60 ans, il n'y a eu aucun travail de desséchement entrepris, écrit le Maire de Saint-Jean-de-Mont, mais il y aurait encore beaucoup de choses à entreprendre.)

Deux causes ont concouru à la formation de ce vaste atterrissement et y ajoutent encore chaque jour.

1°. — Le noyau de l'île de Noirmoutier est une roche granitique recouverte d'une couche profonde de glaise et de limon, que la violence des vagues poussées par les vents impétueux de l'ouest et du sud-ouest dégrade insensiblement. Ces débris sont entraînés par deux courants qui se croisent à la côte occidentale : l'un, de mer montante, venant du nord-ouest, les entraîne le long de la côte méridionale de l'île et les conduit par le détroit de Fromentine dans le bras de mer qui sépare l'île du continent ; l'autre, de mer descendante, venant du sud-ouest, les entraîne sur le même point par la baie de Bourgneuf. Ces débris se fixent sur la côte occidentale du continent et sur la côte orientale de l'île de

----

(1) Cette portion de marais est administrée par une société dite de Beauvoir, St-Gervais, Challans et Sallertaine. Elle étend sa juridiction sur 7790 hectares de marais dans les communes de Beauvoir, Challans, St-Gervais, St-Urbain et la Barre de Mont.

Noirmoutier qui gagne de ce côté une partie de ce qu'elle perd de l'autre.

2°. — Une seconde cause dont l'action est beaucoup plus énergique et plus continue, contribue surtout à la formation et à l'accroissement rapide de ce marais. Avec beaucoup de sable, la Loire entraîne dans son cours une grande quantité d'argile et de terre limoneuse, que les eaux pluviales entraînent dans son lit et qu'elle charrie dans la mer. Son embouchure se trouve placée dans la sphère d'action des deux courants dont il vient d'être fait mention et qui doivent naturellement entraîner les vases qu'elle transporte, qui n'ont pas encore eu le temps de se déposer au fond de la mer et qui vont se fixer sur la côte où se perd l'action des courants.

Du reste, quiconque a étudié ce qui se passe sur la côte de Beauvoir ne peut concevoir le moindre doute sur la réalité des atterrissements, qu'elle qu'en puisse être la cause. De nos jours, cette côte s'est prolongée sensiblement et le soc de la charrue sillonne aujourd'hui des terres recouvertes par la mer il y a à peine un siècle et demi.

Limites du marais occidental. — Le marais occidental s'étend le long de la mer depuis Saint-Gilles jusqu'à Bourgneuf (Loire-Inférieure), sur une longueur d'environ 40 km. Il est presque coupé en deux parties égales par une presqu'île schisteuse qui, appuyant la base de son triangle à Machecoul et à Challans, les deux points du marais les plus avancés dans les terres, en projette le sommet jusqu'à la petite ville de Beauvoir.

Un fait remarquable, c'est que, dans toute la longueur du marais, les parties les plus rapprochées de la mer sont les plus élevées et peuvent seules recevoir la culture des céréales, tandis que les parties les plus voisines du sol primitif, évidemment plus basses, sont habituellement submergées en hiver et ne peuvent être exploitées qu'en prairies.

La conséquence de ce fait semble être que l'alluvion ne s'est pas avancée du rivage vers la pleine mer, mais qu'au contraire, elle a commencé à se former à quelque distance, et que de là elle est venue joindre le rivage. Les atterrissements ont dû se faire partiellement en s'agglomérant autour de plusieurs îles dont était parsemé le petit golfe aujourd'hui converti en terre ferme. Les espaces qui séparaient ces îlots entre eux ou du rivage continental, se sont rétrécis en achenaux, puis en étiers et en fossés qui ont longtemps donné passage à la marée et dont plusieurs sont encore entretenus tant pour l'alimentation des marais salants que, pour l'écoulement des eaux pluviales.

Iles de Riez et de Mont. — L'île de Riez située en face Saint-Gilles sur l'autre rive de la Vie, en était séparée par le canal de Besse, aujourd'hui complétement ensablé ; mais qui au mois d'avril 1622 ne l'était pas, puisque le 16 de ce mois, à marée basse, Louis XIII, attaquant Soubise, le franchit avec sa cavalerie. Le canal de Besse séparait alors les îles de Riez et de Mont. Cette dernière s'étendait depuis l'abbaye d'Orbestier jusqu'à l'embouchure de l'étier devant la Barre de Mont sur une longueur moyenne de 12.000 m. et une largeur moyenne de 2.000 m. Les choses ont bien changé depuis 1622 ; les îles du Perrier, de Mont et de Riez ont cessé d'être distinctes : les bras de mer qui les séparaient sont remplacés par des prairies ou de simples fossés d'écoulement. Le gué où passa le roi est entièrement comblé aujourd'hui et enseveli sous une dune de dix ou douze mètres d'épaisseur.

Quoi qu'il en soit, au temps de l'expédition de Louis XIII contre Soubise, le marais devait approcher de son état définitif, car une carte dressée en 1705 par Massé, ingénieur du roi, indique qu'à cette époque les marais de Mont, de Riez et du Perrier, étaient déjà à peu près tels qu'ils sont aujourd'hui ; seulement le canal de Besse y est indiqué par deux notes « vestiges du canal de Besse qui se comble actuellement ; » « l'embouchure du chenal de Besse était autrefois très large et profonde ; elle formait un assez bon port où l'on chargeait les denrées des paroisses voisines ; elle est actuellement impraticable, se comblant de sable ».

L'ancienne île de Riez contient les trois bourgs de Croix de Vie, de Saint-Hilaire et de Notre-Dame-de-Riez. L'ancienne île de Mont renferme la Barre de Mont, Notre-Dame-de-Mont et Saint-Jean-de-Mont. Les bourgs de Riez, du Perrier et de Sallertaine sont bâtis au pied de la dune sur les bords du marais.

Comme le marais du nord compris entre Beauvoir et Bourgneuf, entre Bouin et Machecoul, n'est défendu de la mer que par des digues et qu'il communique avec elle par plusieurs embouchures dont la plupart sont de petits ports de mer, il est probable qu'il a depuis le même temps éprouvé plus de changements. Le terrain compris entre le chenal *du Daim*, reste du bras de mer qui enceignait l'île de Bouin, et la rive de Saint-Gervais, Châteauneuf et de Bois de Céné paraît avoir contenu beaucoup de marais salants que, depuis, il a fallu abandonner, la mer étant éloignée.

La surface du marais, quoique plane en général, se ressent souvent du mode irrégulier de formation aussi bien que de la prise de possession pénible et désordonnée des premiers hommes qui se hasardèrent à y transporter leur demeure. Ceux-ci pour mieux dessécher le sol dont ils s'emparaient, et afin de faciliter l'écoulement des eaux, ont continué de creuser les ruisseaux très sinueux que le caprice des courants avait tracé. Ici on a visé à exhausser le sol pour obtenir une prairie ou même une terre arable ; là on l'a excavé pour faire des marais salants ; partout ont été creusés des fossés contournés d'une manière bizarre et fort opposée à tous travaux d'amélioration.

A mesure que le sol du fond du golfe se trouva suffisamment exhaussé, l'on opposa à la mer des digues capables de résister à l'action du flux dans les plus hautes marées. Un autre effet de ces digues fut de rendre de nouveaux atterrissements plus faciles et plus prompts. Ceux-ci appelèrent de nouvelles digues, et successivement de proche en proche, tout le golfe fut desséché au point où nous le voyons aujourd'hui. L'établissement de la première digue remonte à une époque dont il est impossible de fixer la date. Les derniers dessèchements ont en général été faits dans le courant du XVIII⁰ siècle ; mais nous croyons pouvoir indiquer comme ayant donné lieu à de nombreux dessèchements de terre par petites portions, la mesure que prit au commencement du XI⁰ siècle, Guillaume I⁰ dit le Chauve, seigneur de Talmont, qui bâtit le château de cette ville. Il appela dans sa seigneurie, en leur concédant des terrains, des hommes de marque de divers pays qui amenèrent avec eux leurs vassaux.

Dessèchements. — Le plus important de ceux qui ont été faits de mémoire d'homme est celui de la Crosnière ou Notre-Dame-de-Pié. Il fut commencé le 1ᵉʳ avril 1767, par Cornil-Guilain Jacobsen, originaire de la Brille en Hollande et né aux environs de Dunkerque et que le commerce avait fixé à Noirmoutier. Onze cents hommes furent employés sans interruption à la construction de 10.000 m. de digues, formant clôture de ce dessèchement d'une superficie de 250 ha.

Disons que la facilité de passer à gué du continent à l'île de Noirmoutier est due principalement au dessèchement de la Crosnière (1).

____

(1) La Crosnière, paroisse créée par ordonnance de l'évêque de Luçon le 16 janvier 1772, supprimée en 1827, et rattachée à Beauvoir.

DESSÈCHEMENT DU MARAIS BRETON VENDÉEN
(BAIE DE BOURGNEUF ET ILE DE BOUIN)

Le touriste qui parcourt pour la première fois la route de Bourgneuf à Beauvoir, s'étonne de traverser une plaine curieusement monotone .En dehors des vases de Bouin et du Collet, point d'arbres, point de haies pour séparer les propriétés, mais reliant de vastes bassins peu profonds, un réseau compliqué de douves et de fossés ; quand on se promène dans le marais ou quand on feuillette le plan cadastral, on reste confondu devant l'enchevêtrement des lignes qui marquent la séparation des propriétés.

Jadis, la mer fut souveraine en ces lieux et y berça de nombreuses voiles accourues des plus lointaines contrées, et quand les Romains s'établirent dans la contrée, la période quaternaire s'y était marquée par des apports maritimes qui avaient déjà sensiblement réduit l'étendue du golfe de Machecoul.

Mais quoi qu'il en soit de ces dépôts, il y aurait lieu d'examiner le rôle joué par un élément dont il est impossible de ne pas tenir compte, le mouvement du sol.

Subsidence, disent les uns ; surrection, prétendent les autres. Malgré les exagérations de certains savants, on ne peut nier que l'enveloppe terrestre ne soit soumise à des phénomènes de ce genre.

Le sol attira dans le pays les navigateurs du Nord, mais l'ère de prospérité interrompue par les Saxons, fut gravement compromise par les ravages des Normands.

L'homme se remit au travail, et étendit largement ses conquêtes, grâce à l'activité des moines de Machecoul, de la Madeleine de Quinguenavent, de l'île de Chauvet en Bois-de-Céné (1130).

Cultures, prairies salines surtout se multiplièrent.

Il n'est pas possible de savoir quand l'industrie salicole prit naissance dans le pays, bien que « la Coustume de l'isle de Boing » rédigée en 880, mais qui a subi de nombreuses modifications depuis son premier établissement, fixe la date de cette industrie à l'année 567. Mais ce qui est certain, c'est qu'au XV⁰ siècle, les marais salants couvraient presque entièrement l'île de Bouin, et ils occupaient de grandes surfaces à Noirmoutier, à Beauvoir, à Châteauneuf, à Bois de Céné (1).

(1) La société des marais dite de Bois de Céné et de Chateauneuf étend son autorité sur 2.450 hectares de marais possédés par 460 propriétaires.

Au XV° siècle, un bras de mer important séparait encore l'île de Bouin du continent auquel s'étaient soudés les autres vestiges des formations éocènes : la dune littorale des Moutiers dans la Loire Inférieure avait atteint l'îlot de graviers du Collet ; mais entre Bouin et Bourgneuf subsistait un golfe profond, « la plus belle rade de Bretagne », la baie. C'était alors un des principaux centres commerciaux de la France.

La prospérité de la baie subit des éclipses du fait des guerres qui sévissaient alors en Europe. Les furieuses attaques de la mer au cours de la seconde moitié du XVI° siècle, lui portèrent un coup sensible et interrompirent la conquête des marais : la plus furieuse dont la mémoire des hommes ait gardé le souvenir se serait produite en 1509.

Aux XVII° et XVIII° siècles, la vase devint l'arbitre des destinées du pays ; la rade se combla avec rapidité et divers atterrissements s'étaient formés sur les deux rives du Daim ; des spéculateurs avides de gain se jetèrent sur ces terres vierges, mais la Révolution de 1793 et les guerres civiles arrêtèrent les travaux d'endiguement ; la plupart des salines furent abandonnées, et beaucoup de terres restèrent incultes.

Avec le retour de la tranquillité, la conquête fut reprise et peu à peu achevée ; mais les marais ne se relevèrent que lentement des désastres qu'ils avaient subis. Les canaux obstrués ne permirent plus à l'eau de mer d'atteindre un grand nombre de marais salants, ni aux eaux pluviales de s'étendre. La création d'Associations syndicales vers 1830, assura une meilleure défense contre la vase : les paludiers reprirent courage, et en 1850, les ports de Bouin avaient repris une certaine activité.

Polders de Bouin. — Mais depuis 1842, des travaux importants ont été exécutés dans la commune de Bouin. Les polders de la Coupelasse ont été asséchés en 1872 ; une violente tempête du 11 novembre 1875 ayant rompu les digues, elles furent rétablies l'année suivante. Les polders du Daim ont été asséchés en 1863.

Les lais de mer endigués ont été acquis par adjudication. L'adjudication est faite à charge d'endigage dans un délai donné qui peut être prorogé suivant les circonstances.

Depuis 1868, les travaux de dessèchement exécutés dans la région de Bouin, sont :

1°) Le Polder de Beauvoir appartenant à la Société de

Bouin. Un premier endigage de 90 ha. a été rasé par la tempête du 11 novembre 1875. Depuis, la société a repris 40 ha. ; le prix de la main-d'œuvre rend difficile l'endigage du reste.

2°) Un petit polder de 4 ha. au Collet, dont la construction a été terminée en 1927. On l'a fait exécuter pour assurer l'écoulement des eaux de pluie du polder de la Coupelasse devenu très difficile par suite de l'envasement de la baie.

Les marais de Bouin se répartissent en trois sociétés. La 1ère dite *Société des marais de Bouin*, s'étend sur une superficie de 3.800 ha., complétement situés sur le territoire de cette commune, répartis entre 1.500 intéressés. La 2e, dite du Dain, s'étend sur 2.352 ha., dont 100 pour Bouin, 327 pour Beauvoir et 1925 pour Saint-Gervais, répartis entre 530 propriétaires. La 3e est celle du *Polder de Saint-Céran*, d'une superficie de 195 ha. répartis entre 360 intéressés.

Marais de Besse. — Un atterrissement s'est formé sur la rive droite de la rivière la Vie, dans la commune de Saint-Hilaire de Riez. Il est desséché et contient 600 ha. ; c'est le *marais de Besse*. Il occupe l'ancien bras de mer qui séparait les îles de Mont et de Riez, et qui avait naturellement deux issues, l'une qui débouchait dans la mer entre les dunes de Mont et de Riez, l'autre par les canaux qui communiquaient avec la mer à travers les atterrissements du Perrier vers la Barre de Mont. Ces deux issues sont aujourd'hui comblées.

Le *marais de Besse* compris entre Orouet et Saint-Hilaire a ses bords sablonneux ; l'écoulement de ses eaux étant devenu difficile quand le canal de Besse s'est ensablé il y a environ 160 ans, il a été ménagé par le canal de la *Bordonnerie* qui traverse un isthme sablonneux de l'île de Riez et va se jeter dans la Vie.

Indépendamment du marais de Besse, on peut citer le marais des *Epines* placé un peu en aval de l'ancien canal de Besse. Il s'écoule auourd'hui vers Saint-Jean-de-Mont et la Barre de Mont par un petit étier nommé le Bot qui a été creusé après coup à travers un petit isthme qui sépare Orouet et Saint-Jean-de-Mont.

Marais de Saint-Hilaire-de-Riez et de Notre-Dame-de-Riez. — Un autre atterrissement s'est formé sur la rive droite du Ligneron, petite rivière qui se jette dans la Vie, et s'étend jusqu'au marais de Soullans ; il est également desséché par un canal qui verse ses eaux dans le Ligneron même. Ce marais d'une superficie de 1.763 ha., répartis entre 800 intéressés, s'étend sur les communes de Saint-Hilaire de Riez, et de Notre-Dame-de-Riez.

Marais des Rouches. — Le marais de Soullans qui fait partie du grand marais occidental, verse difficilement à la mer, par le canal du *Perrier*, les eaux pluviales qu'il reçoit de la terre ferme. Les propriétaires de ce marais avaient imaginé d'en conduire les eaux dans la rivière de la, *Vie*, à travers le marais des Rouches, mais le succès de cette entreprise n'a pas répondu à leur attente. (1).

Marais de la Jaunaye. — Un autre petit marais dit de la *Jaunaye* du nom d'une petite rivière qui verse ses eaux dans le havre de Saint-Gilles, placé dans des conditions topographiques défavorables, a pu être rendu fertile en creusant et élargissant le lit du Jaunay, depuis le port de la Chaize Giraud jusqu'à la mer, et en construisant une écluse vers son embouchure.

Marais de la Gachère. — Enfin 200 ha. de marais, jadis tenus dans un état habituel de submersion par les eaux de la petite rivière *de l'Isle* qui coule au nord de la commune d'Olonne et qui se jette dans le havre de la Gachère, ont été rendus à l'agriculture grâce aux travaux exécutés en 1893-1894 au havre sus-indiqué.

Un canal de 4.500 m. de longueur fait remonter les eaux du port des Sables jusqu'au centre de la commune d'Olonne pour en alimenter les marais salants ; il se termine au hameau de la Bauduère.

Avantage des eaux douces. — Les eaux douces qui sont un ennemi si formidable pour les marais de la Sèvre et du Lay ne produisent ici d'autre effet dans presque tout le marais occidental, que d'imprégner la terre d'une humidité favorable à la végétation. Deux grands canaux, celui de la *Cahouette* et celui du *Perrier* conduisent à la mer la petite portion surabondante qui y est versée par les pluies ou par quelques petits ruisseaux. Mais il n'en est pas ainsi dans les marais de Saint-Gervais et du Bois de Céné, situés à l'est de l'île de Bouin, au fond de l'ancienne baie de Bourgneuf. La stagnation des eaux pluviales et de celles que le ruisseau du Falleron verse sur la partie septentrionale de ce marais nuit souvent à l'abondance et à la qualité de ses produits ; mais cette situation peut être améliorée par le canal de Dain qui sépare ce marais de l'île de Bouin.

---

(1) La société de marais qui administre cette surface de 2380 hectares s'étend sur les communes de Soullans et de Notre-Dame de Riez. Elle intéresse 981 propriétaires syndiqués.

SOCIÈTÉS DES MARAIS

Le département de la Vendée est certainement l'un de ceux où l'industrie a lutté avec le plus d'efforts contre l'action destructive des eaux. Cette action tend perpétuellement à se renouveler. Nos marais sont continuellement menacés par l'élément sous lequel ils furent si longtemps ensevelis. Ce n'est que par des soins assidus, par une surveillance active et soutenue que l'on peut parvenir à réprimer les efforts qu'il renouvelle chaque année pour reconquérir son empire.

Chaque dessèchement est entouré d'une enceinte de digues qui le protège soit contre les efforts des eaux douces, soit contre les eaux de la mer. Des canaux plus ou moins nombreux, plus ou moins larges et profonds, versent à la mer les eaux pluviales qui croupissaient à la surface d'un sol trop compact pour se prêter à leur infiltration. Ils sont garantis du flux de la mer par des écluses construites à leur embouchure.

Chaque dessèchement est administré par une société connue en général sous le nom de syndicat, à laquelle on pourrait appliquer les dispositions édictées par la *Société des marais du Petit Poitou*, rédigées le 19 octobre 1646, reçues par Maîtres Bonnet et Robert, notaires à Fontenay.

Parmi les ouvrages qui contribuent au dessèchement des marais, il en est quelques uns dont l'utilité ne se borne pas à une seule enceinte, mais s'étend au contraire sur un grand espace. Tels sont les écours généraux qui servent à évacuer en la mer les eaux de tout le bassin d'une rivière : tel est en particulier le canal du Lay ; tels sont le canal des Cinq-Abbés et le contrebot de Vix qui contribuent si puissamment au dégagement des eaux de tout le bassin de la Sèvre Niortaise.

L'administration du canal des Cinq-Abbés et du canal de Hollande ne devant jamais être séparée, une société a été établie dans ce but en exécution d'un décret du 15 janvier 1813.

Cette société se compose des maires des communes d'Auzay, de Chaix, de Velluire, du Gué de Velluire, du Poiré de Velluire, de Chaillé-les-Marais, de Vouillé, du Langon, de Mouzeuil, de Saint-Martin-sous-Mouzeuil, de Nalliers, de Sainte-Gemme-la-Plaine, et de Luçon, du Directeur et de dix Députés du marais du *Petit Poitou*, du Directeur et un

Député du marais de la Vacherie, et d'un seul Député pour les marais *Garreau*, du *Bouil* et de la *Pironnière*.

Plusieurs sociétés générales sont particulièrement chargées de l'administration de nos marais. Les sociétés générales ou mixtes, sont celles du Contrebot de Vix et du canal des Cinq-Abbés, dans le bassin de la Sèvre, et celle du Marais de la Claye dans le bassin du Lay.

Les principales sociétés particulières sont :

I.— BASSIN DE LA SÈVRE

1°) *La société des marais de Vix*, celle *des marais de Doix*, et celle *des marais de Gargouillaud*, sont aujourd'hui fondues en une seule appelée : Société des marais desséchés de *Vix, Maillé, Mailezais et Doix.* Les associés se réunissent dans la ville de Fontenay.

2°) *La Société des marais mouillés de Doix, Montreuil et Velluire,* dont les assemblées se tiennent à Montreuil.

3°) *Société du marais Garreau.* -- Le marais Garreau est situé dans la commune de Vouillé. C'est à Vouillé qu'a lieu la réunion des intéressés à cette Société.

4°) *Société des marais de la Pironnière.* — Les propriétaires du marais de la Pironnière se réunissent à Chaillé-les-Marais, chef-lieu de la commune où est situé ce marais.

5°) *Société des marais du Petit-Poitou.* — Les assemblées des intéressés à ce vaste dessèchement se font à Chaillé-les-Marais.

6°) *Société des marais de la Vacherie.* — Cette société s'assemble à Champagné-les-Marais.

7°) *Société des marais de la jeune Autize.* — Instituée par ordonnance du 7 mai 1831. Elle se réunit à Fontenay.

II. — BASSIN DU LAY

1°) *Société des grands marais de Triaize.* — Cette société se réunit dans la ville de Luçon.

2°) *Société du petit marais de Triaize.* — Les intéressés au petit marais de Triaize se réunissent dans le bourg de Triaize.

3°) *Société des marais de Saint-Michel-en-l'Herm.* — Les assemblées de cette société se réunissent à Saint-Michel-en-l'Herm.

4°) *Société des marais de Moricq.* — Les intéressés au marais de Moricq se réunissent à Angles.

5°) *Première société des propriétaires des lais de mer à Saint-Michel-en-l'Herm*, autorisée par ordonnance du 2 août 1823. — Réunion à Saint-Michel-en-l'Herm.

Cette société et les deux suivantes sont de nature à fixer l'attention. Elles se composent en général d'habitants pauvres du littoral qui se sont réunis pour dessécher à l'aide de travaux faits par eux-mêmes, des relais de mer qu'ils se sont ensuite partagés. Ces prolétaires sont devenus ainsi possesseurs d'un sol fertile qu'il ont conquis sur l'Océan et la plupart sont dans un véritable état d'aisance.

6°) *Seconde société de Saint-Michel-en-l'Herm* pour autres relais de mer concédés aux habitants, créée par ordonnance du 1er août 1838. Réunion à Saint-Michel-en-l'Herm.

7°) *Société des marais de l'Aiguillon*, approuvée par ordonnance du 4 octobre 1826. — Réunion à l'Aiguillon.

8°) *Société des marais de la Bretonnière*, établie par ordonnance du 8 juillet 1818. Les assemblées se tiennent à Luçon.

III. — MARAIS OCCIDENTAL

1°) *Société du marais du Jaunay.* — Cette société a ses assemblées à Sainte-Gilles-sur-Vie.

2°) *Société du marais de Besse.* — Cette société se réunit à Saint-Hilaire-de-Riez.

3°) *Société du marais de Riez.* — Les intéressés à la société du marais de Riez se réunissent à Notre-Dame-de-Riez.

4°) *Société du marais de Soullans.* — La société des marais de Soullans et des Rouches a reçu sa situation définitive par ordonnance du 13 février 1818 ; ses réunions ont lieu à Soullans.

5°) *Société du marais de Saint-Jean-de-Mont.* — Elle embrasse toute l'étendue du marais situé dans la commune de Saint-Jean-de-Mont, dans celle du Perrier, et dans la partie méridionale de celle de Notre-Dame-de-Riez. Le titre de fondation de la société des marais de Saint-Jean-de-Mont s'est perdu pendant les guerres de Vendée. Elle remontait probablement au milieu du XVIIIe siècle. Elle a suivi l'ouverture de l'important étier du Perrier qui conduit les eaux douces depuis le gué de la Verrie jusqu'au port de la Barre de Mont, qui n'existait pas en 1705. L'entretien de ce canal et de ses affluents fut confié à la société des marais dont il est ici question et dont les associés se réunissent au bourg de Saint-Jean-de-Mont.

6°) *Société de Beauvoir.* — Elle embrasse la partie méridionale et la plus étendue du marais de Beauvoir, la partie septentrionale de celui de Notre-Dame-de-Mont, la partie méridionale de celui de Notre-Dame-de-Mont, la partie méridionale de celui de Saint-Gervais, les marais des communes de Saint-Urbain et Sallertaine et portion du marais de Challans. Les intéressés à ces marais dont la constitution remonte au 27 juin 1918, se réunissent à Beauvoir-sur-Mer pour traiter leurs affaires sociales.

7°) *Société de l'île de Bouin.* — La société des marais de l'île de Bouin, définitivement organisée en 1820, tient ses réunions à Bouin.

8°) *Société des marais de la Gachère,* constituée par ordonnance des 17 octobre 1826 et 17 mars 1836. Les intéressés à ce dessèchement se réunissent dans la ville des Sables d'Olonne.

9°) *Société pour le curage de la rivière la Vie,* constituée par ordonnance du 19 juin 1836. Réunion à Commequiers.

10°) *Société des marais du canal du Dain,* constituée par ordonnance royale du 2 août 1826. Réunion à Beauvoir.

11°) *Société des marais de Bois de Céné et de Châteauneuf,* constituée par ordonnance du 20 février 1821. Les associés se réunissent au bourg de Bois de Céné.

12°), *Société des marais de Saint-Gervais,* constituée par ordonnance de 1818. Les réunions ont lieu au bourg de Saint-Gervais.

13°) *Ile de Noirmoutier,* — *Société pour l'entretien des trois étiers du Moulin, de l'Arceau et du Coefe,* créée par ordonnance du 13 février 1836. Réunion dans la ville de Noirmoutier.

Situation agricole
du Marais Poitevin et du Marais Breton-Vendéen

M. Sarazin a bien voulu nous donner les renseignements suivants sur la situation agricole du Marais Poitevin et du Marais Breton-Vendéen.

Marais poitevin

Dans ce marais, les prairies et les cultures de céréales et de fèves ne reçoivent aucun engrais. Malgré cela, la fertilité du sol est telle qu'on ne craint pas de lui faire produire presque uniquement des récoltes de grains, dont les rendements restent encore élevés.

La même terre porte successivement :

> 1ʳᵉ année, fèves ;
> 2ᵉ année, orge ;
> 3ᵉ année, froment ou avoine.

Après dix ou quinze ans d'une culture aussi épuisante, on met la terre momentanément en luzerne.

Rendements obtenus dans ces conditions :

> 30 hl. de fèves ;
> 50 hl. d'orge ;
> 35 hl. de froment.

Les terrains labourés à la pelle produisent souvent davantage et sur les « prises » nouvelles, l'orge peut quelquefois donner 90 hl. Heureux pays, où le fumier *semble* inutile, nuisible même, prétendent certains habitants.

Mais le maintien indéfini de cette grande fertilité est impossible et le sol de ce marais s'épuise comme les autres. Beaucoup de prés ne renferment plus que des doses minimes d'acide phosphorique et de chaux, tout à fait insuffisantes pour l'obtention de fourrages nutritifs et abondants. Aussi les scories de déphosphoration y donnent-elles des résultats aussi merveilleux qu'ailleurs. Les engrais convenablement choisis sont donc indispensables pour empêcher la diminution de la fécondité naturelle du Marais Poitevin. Malheu-. reusement, cette vérité n'est encore admise que par un nombre très limité de cultivateurs, ce qui fait que les prises les plus anciennes surtout voient leurs productions diminuer lentement.

MARAIS BRETON-VENDÉEN

Les parties les plus anciennes en culture sont soumises à l'assolement triennal ci-après :

> 2 céréales (blé et orge),
> 1 fève.

Dans les polders récents, assolement biennal :

> 1 céréale,
> 1 fèverole.

Ces assolements sont particulièrement épuisants et à peu près tout le fumier est converti en combustible, dont les cendres sont vendues aux cultivateurs du Bocage. On ne fume guère que les terres les plus vieilles en culture. Ailleurs la restitution est nulle.

Aussi la fertilité est-elle très différente suivant les terrains : les rendements varient du simple au triple et presque toujours sont d'autant moins élevés que les terres sont plus anciennement cultivées. Là surtout on constate une insuffisance marquée en acide phosphorique. Des essais datant déjà de trente ans ont prouvé que la production peut être relevée par l'emploi *d'engrais phosphatés*. La teneur en azote des sols est maintenue par la fève (légumineuse améliorante).

Il n'est donc pas douteux que les terres du Marais Breton s'épuisent beaucoup, que les rendements sont appelés à y diminuer fatalement de plus en plus et que la culture de ces sols cessera d'être rémunératrice si l'on n'y pratique pas une restitution suffisante, particulièrement d'engrais phosphatés.

Renseignements Statistiques. — Le Marais Poitevin

NOMS DES SOCIÉTÉS DES MARAIS	SURFACES	VALEUR VÉNALE D'UN HECTARE			VALEUR LOCATIVE D'UN HECTARE			OBSERVATIONS
		1900	1910	1927	1900	1910	1927	
	ha.	fr.	fr.	fr.	fr.	fr.	fr.	
Moricq	4.700	1.000	3.000	10.000	80	100	500	
Saint-Michel-en-l'Herm, Grues Saint-Denis, l'Aiguillon . . .	7.630	1.500	2.500	6.000 à 10.000	90	100	300 à 500	
Triaize	4.092	2.500	3.000	6.000	50	60	300	
Triaize dit des Prises. . . , , .	1.048	»	3.000	10.000	»	380	2.400	
L'Aiguillon fort, île et cap. . .	420	3.000	4.500	4.000	100	100	300	
La Faute dite du Chauveau . .	310	4.500	4.500	10.000	250	250	500	
Grands Marais de la Claye. . .	3.325	2.500	3.000	10.000	100	120	700	3.300 h. en prairies naturelles, 50 quintaux à l'hectare.
La Bretonnière	309	4.000	7.000	11.000	250	350	700	tout en prairies naturelles, 30 q de foin à l'Hect.
La Claye et la Bretonnière. . .	150	5.000	5.000	10.000	300	300	800	id.
Les Mauxfaits. . . . , ...	109	4.000	4.000	10.000	100	100	500	
Ruisseau de Graon et fosse du Grand Baron	270	12.000	12.000	8.500	200	250	300	tout en prairies naturelles, 40 q. à l'Hectare.

Renseignements Statistiques. — Le Marais Breton-Vendéen.

NOMS DES SOCIÉTÉS DES MARAIS	SURFACES	VALEUR VÉNALE D'UN HECTARE			VALEUR LOCATIVE D'UN HECTARE			OBSERVATIONS
		1900	1914	1927	1900	1914	1927	
	hc.	fr.	fr.	fr.	fr.	fr.	fr.	
de Bouin . . . . . , ...	3.800	2.500	3.000	12.000	110	120	410	
du Dain	2.251	2.500	3.000	7.000	100	125	500	
des Polders de Saint-Céran.	195	4.000	3.000	6.000	200	150	300	
Saint-Hilaire-de-Riez et Notre-Dame-de-Riez.	1.763	2.000	2.500	14.000	150	160	600	
Bois de Céné et Châteauneuf.	2.450	1.500 à 2.000	2.500 à 3.000	5.000 à 6.000	60 à 70	80	150	
Beauvoir, Saint-Gervais, Challans et Sallertaine	7.790	1.000	1.500	9.000	80	120	500	
Soullans et des Rouches. . . .	2.384	4.000	4.000	10.000 à 15.000	120	130	600	
La Guitière.	19	1.200	1.200	1.200	30	30	30	
Canal du Perray . . . . . , . .	101	2.000	2.000	5.000	50	50	200	
Ile d'Yeu.	22,45	2.500	2.500	3.500	125	125	200	
Noirmoutier	740							

Enquête sur les causes des inondations fréquentes et sur les moyens d'y remédier

Le Marais Breton-Vendéen

	Noms des Sociétés	Causes des inondations fréquentes	Moyens de remédier aux inondations. Travaux faits et travaux restant à faire	Desiderata des agriculteurs
1	Bouin		Entretien des canaux et fossés d'écoulement.	
2	Dain		»	
3	Saint-Céran	Crues momentanées par excès de pluie à la saison d'hiver.	Entretien des fossés d'écoulement et surveillance des aqueducs.	
4	Saint-Hilaire-de-Riez et Notre-Dame-de-Riez.	Les eaux doivent s'écouler par la rivière du Ligneron. Cette dernière qui reçoit les eaux du bocage a des crues fréquentes pendant lesquelles il est impossible de faire écouler les eaux des marais de Saint-Hilaire-de-Riez.	Construire un écours qui conduirait les eaux du marais directement dans la Vie.	Ils désirent depuis longtemps la construction de l'écours ci à côté mentionné.
5	Bois de Céné et de Châteauneuf.	Soit envahissement de la mer détruisant les jetées, soit eaux pluviales surabondantes.	Curage régulier et profond des étiers par les syndicats ; curage des douves menant aux étiers par les propriétaires ; entretien des levées de protection contre la mer.	Subvention de l'Etat ou du département pour l'entretien des étiers qui sont curés actuellement par les syndicats ; mais ces cotisations syndicales constituent une sorte d'impôts qui s'ajoutent aux autres impôts très lourds.

	Noms des Sociétés	Causes des inondations fréquentes	Moyens de remédier aux inondations Travaux faits et travaux restant à faire.	Desiderata des agriculteurs
6	Beauvoir, St-Gervais, Challans et Sallertaine.	Les causes d'inondation sont l'envasement des embouchures des cours d'eau vers la mer, *à la charge de l'Etat.*	Curage complet de l'étier entre le Grand Pont et la mer. Les travaux de curage de la partie de l'étier à la charge du syndicat ont été exécutés après de grands sacrifices qui ont incombé aux propriétaires intéressés et qui *devraient être à la charge de l'Etat.*	Ecoulement plus rapide des eaux pluviales.
7	Soullans et les Rouches.	Ecoulement très lent des eaux à cause du canal « Le Ligneron » se déversant dans la Vie qui se gonfle dès les premières pluies et qui tient le marais de Soullans dans une sorte de cuvette qui ne peut se vider qu'à la longue pendant une longue période de sécheresse.	A étudier : le projet d'un canal mitoyen avec Saint-Hilaire-de-Riez passant par Beaulieu et Saint-Hilaire et se jetant dans la Vie au sud de la Martinière de Notre-Dame-de Riez.	Tous seraient d'accord qu'on apporte de l'amélioration au système actuel de l'écoulement des eaux.
8	La Guitière.	Déplacement du cours d'eau du Perray.	Enlever les vieux murs d'écluse qui empêchent l'écoulement des eaux.	Curage du canal du Perray.
9	Canal du Perray, Talmont, Saint-Hilaire.	Canal du Perray trop étroit et trop sinueux en amont de Talmont et les ponts établis sur le Perray, trop étroits également, ne peuvent suffire à l'écoulement des eaux.	Le moyen serait d'élargir, d'approfondir, de redresser le cours du Perray, élargir les arches des ponts situés dans la traversée de Talmont.	Voir les travaux proposés, effectués le plus tôt possible.

	NOMS DES SOCIÉTÉS	CAUSES DES INONDATIONS FRÉQUENTES	MOYENS DE REMÉDIER AUX INONDATIONS TRAVAUX FAITS ET TRAVAUX RESTANT A FAIRE	DESIDERATA DES AGRICULTEURS
10	Ile d'Yeu.			Les agriculteurs seraient désireux d'obtenir une subvention pour permettre d'entretenir les cours d'eau d'une façon plus régulière et éviter le plus possible les inondations qui ravagent les récoltes
11	Beauvoir.	Tout est bien.		
12	Noirmoutier.	Marais salants.		Que d'importants travaux soient faits par l'Etat. Curage au-dessus de leurs forces dans les étiers qui amènent l'eau à leurs marais salants et servent à l'écoulement des dits marais.
13	Moricq.	Envasement du Lay occasionné par le défrichement des terres hautes du Bocage — à l'apport des vases de la mer — par suite du rétrécissement de la rivière et de l'allongement du cours du fleuve de 100 mètres au moins d'après le témoignage des habitants de la Faute.	Travailler au dévasement du Lay pour rendre son cours plus rapide et plus large.	Continuer à améliorer le dévasement.

	Noms des Sociétés	Causes des inondations fréquentes	Moyens de remédier aux inondations — Travaux faits et travaux restant a faire	Desiderata des agriculteurs
14	Saint-Michel-en l'Herm. Grues, Saint-Denis du Payré et l'Aiguillon-sur-mer.	Fossés en mauvais état. Voisnage de la mer et par le fait écoulement discontinu. Les canaux ne peuvent verser leurs eaux que pendant le temps où leur niveau est supérieur à celui des eaux de la mer.	Création de nouvelles bouches — sarclage à fond de tous les canaux après la période d'hiver.	Avoir le moins d'eau possible pendant la période hivernale. Une loi obligeant tous les propriétaires à remettre à neuf les fossés, tous les cinq ans.
15	Grands marais de Triaize. Luçon et Les Magnils.	Le défaut de main-d'œuvre empêche d'entretenir les fossés des particuliers, quant aux canaux de la Société, ils arriveraient vite à ne pas suffire, si l'on ne trouve pas de moyens mécaniques à des prix abordables.		
16	Petit marais de Triaize dit « des Prises ».			La réfection des écours qui sont pour la plupart en mauvais état ; cette chose est absolument indispensable pour la culture de nos marais.
17	La Faute, dit du Chauveau.	Erosions de l'Océan.	Construction de digues protectrices contre les attaques de l'Océan.	Formation d'un syndicat englobant tous les syndicats des marais mouillés sur les deux rives du Lay.

	Noms DES Sociétés	Causes des inondations fréquentes	Moyens de remédier aux inondations. Travaux faits et travaux restant à faire	Désiderata des agriculteurs
18	Grands marais de la Claye, comprenant les communes de Grues, Saint-Denis du Payré, Lairoux, St-Benoît, St-Cap, la Claye, Bretonnière, Champ Saint-Père, Saint-Vincent-sur-Graon, Rosny et la Couture.	Amélioration des modes de culture qui ne retiennent plus les eaux, leur permettant d'arriver en tranches dans la vallée du Lay.	Amélioration du cours du Lay en lui donnant plus de largeur et en coupant les boucles qui nuisent, de façon à permettre un écoulement plus rapide vers la mer. Des travaux faits par la Société ont apporté un grand progrès à l'état des choses actuel, mais ne constituent qu'un travail d'entretien.	Etablissement de portes à flot qui empêcheraient l'envasement par les boues de l'Océan.
19	La Bretonnière	Débordements du Lay.	Approfondir et élargir le Lay jusqu'à son embouchure. Continuer les travaux déjà commencés.	Les impôts d'assèchement étant de 40 fr. par h., ils demandent à l'Etat de leur venir en aide pour les travaux.
20	La Claye et la Bretonnière.	Crues du Lay.	Dévasement du Lay et élargissement de la rivière. Le dévasement du Lay est sur le point d'être terminé. Il reste en ce moment à élargir le Lay. Le projet est à l'étude pour la Société des grands marais de La Claye.	L'écoulement des eaux le plus vite possible.

	NOMS DES SOCIÉTÉS	CAUSES DES INONDATIONS FRÉQUENTES	MOYENS DE REMÉDIER AUX INONDATIONS TRAVAUX FAITS ET TRAVAUX RESTANT A FAIRE	DÉSIDERATA DES AGRICULTEURS
21	Les Mauxfaits.	Pluies prolongées depuis une dizaine d'années. Drainage des terres du boccage mieux fait.	Faciliter l'écoulement de l'eau par les vannes. Curage de la rivière et entretien des vannes.	Que les pouvoirs publics leur viennent en aide par l'attribution de subventions leur permettant un meilleur curage de la rivière. }
22	Ruisseau du Graon et fossé Grand Baron.	Grandes pluies. Envasement du Lay,	Dévasement du Lay.	

Résumé des desiderata. — Moyens de conjurer
les inondations fréquentes

De l'examen des causes des inondations fréquentes et des moyens d'y remédier, il résulte que ces causes sont généralement dues : à l'envasement des cours d'eau et des étiers dont l'entretien incombe quelquefois à l'Etat, au défaut d'entretien causé souvent par la pénurie de la main-d'œuvre et la cherté des salaires ; à l'absence de moyens mécaniques pratiques ; au défrichement des terres hautes du bocage, dont les eaux s'écoulent avec plus de rapidité vers des évacuateurs de dimensions trop faibles, et à ces causes on peut en ajouter une autre dont aucun président des syndicats n'a parlé : cette cause est due à la *suppression d'année en année des fossés séparatifs des propriétés et au rétrécissement de certains cours d'eau*, dans le but d'augmenter de quelques mètres ou de quelques ares le patrimoine familial. Je connais notamment un point de la Vieille Autise qui, en 1859, avait une largeur de 80 m., réduite aujourd'hui à 7 m. au plus.

Pour parer aux envasements des cours d'eau, on constate trop souvent un appel des syndicats à l'Etat Providence, en vue d'obtenir de lui ou du département des subventions.

Dans la situation actuelle, le syndicat des marais de Saint-Michel-en-l'Herm, Grues, Saint-Denis-du-Payré et de l'Aguillon-sur-mer qui étend son action sur 7.630 ha. de marais, propose l'adoption d'un système qui peut seul faire cesser le grave danger dont sont menacés presque tous les marais : *Vote d'une loi obligeant tous les propriétaires à remettre à neuf, tous les cinq ans, les fossés d'écours*, et à ce vœu, nous ajoutons, *l'obligation pour tous les propriétaires de rendre à à leur destination primitive tous les fossés comblés par eux.*

Les Marais de la Charente-Inférieure

Par H. VERDIÉ
Directeur des Services Agricoles

Environ 12 % de la superficie totale du département de la Charente-Inférieure est constituée par des marais de valeur et d'origines diverses. Au point de vue agricole, les marais salants n'ont qu'un intérêt secondaire bien que les bosses de ces marais donnent des pacages dont l'importance s'accroît constamment. Au voisinage immédiat des marais salants et aussi sur l'emplacement d'anciennes salines dont l'exploitation salicole a été délaissée, existe une catégorie de marais, les marais-gâts qui dans la plupart des satistiques restent rattachés aux marais salants quoique d'une utilisation agricole dominante, ainsi que les claires à huîtres et les étangs à poissons installés dans les anciens bassins d'évaporation des salines.

De même si l'on examine les statistiques on trouve compris dans la dénomination générale des marais, les terrains humides et marécageux qui bordent les ruisseaux ou les cours-d'eau.

Plus de 25.000 hectares dits de marais, rentrent dans cette catégorie, leur amélioration, leur assainissement, sont des œuvres presque individuelles pour lesquelles souvent les dépenses engagées seraient très supérieures à l'augmentation de leur valeur ou du revenu que l'on peut escompter. Très dispersées et placées dans des conditions très diverses, ces prairies marécageuses ne peuvent être aménagées par l'exécution d'un plan d'ensemble. La réalisation de leur assainissement ne saurait par suite être envisagée comme facile et immédiate.

Par contre, les superficies considérables des marais desséchés et des marais mouillés dont l'assainissement a déjà été réalisé ou préparé et qui sont mis en culture, constituent une richesse considérable dans un pays d'élevage comme la Charente-Inférieure. C'est à leur étude que nous apporterons le plus de détails.

La presque totalité des propriétaires de ces marais sont groupés en syndicats. Il existe 118 syndicats de marais dans notre département, ce qui donne une mesure de tout l'intérêt que portent les agriculteurs à leur exploitation. Bien des communes de la région des marais possèdent des communaux et, enfin, dans certains cas les travaux d'ensemble n'ayant pas été indispensables, les propriétaires de marais sont restés isolés.

Dans l'étude qui va suivre, nous laisserons les marais groupés par régions naturelles et subdiviserons comme suit :

Marais dont les propriétaires sont groupés en syndicats :

A. — Marais du sud de la Sèvre et du Mignon (1)	31.696 ha. 70 a. 56
B. — Marais côtiers	3.549 ha. 70 a. 17
C. — Marais de Rochefort, de Muron et de la Boutonne	20.845 ha. 61 a. 25
D. — Marais de Brouage	3.183 ha. 08 a. 85
E. — Marais de la Seudre et d'Oléron (1.183 ha. 93 a. 55)	7.082 ha. 07 a. 18
F. — Marais de Royan et de la Gironde	4.127 ha. 52 a. 02
G. — Marais salants et marais gâts de Marennes, des Iles de Ré et d'Oléron	7.098 ha. 10 a. 36
	76.867 ha. 48 a. 82

Marais dont les propriétaires ne sont pas syndiqués :

H. — Marais maritimes divers	8.200 ha.
I. — Marais fluviaux et prairies marécageuses de l'intérieur	25.000 ha.
	33.200 ha.
Total général	**110.000 ha.**

-----

(1) Mon collègue, M. Lefort, présentant l'étude des marais mouillés du bassin de la Sèvre Niortaise, nous ne retiendrons ici que les marais desséchés de ce même bassin.

La situation agricole de ces marais ne peut être examinée sans que nous ayons assez rappelé l'historique de leur dessèchement. En outre, nous avons procédé récemment à une enquête auprès des présidents de syndicats de marais dans le but de connaître les desiderata des agriculteurs et leur opinion sur l'opportunité de provoquer des regroupements sous forme de fédération. Les renseignements qu'ils nous ont fournis nous aideront à étayer les conclusions de ce rapport par l'opinion des intéressés.

CHAPITRE PREMIER

Quelques pages d'histoire

Comme nous venons de le dire, il est impossible d'étudier la situation des marais sans effleurer leur histoire, qui est connue dans ses grands lignes, mais qui demanderait de l'être davantage dans ses détails. Les marais côtiers envahis de rouches, de roseaux, de massettes et de plantes semi-arbustives, furent longtemps le refuge des brigands et les colliberts des marais de la Sèvre étaient plus réputés par leurs mœurs indépendantes que par leur soumission aux lois du royaume.

Les marais de la Sèvre, de la Charente et de la Seudre eurent un sort analogue. Nous ne saurions ici entreprendre leur monographie, qu'il nous soit permis cependant de prendre un type : les marais desséchés de la Sèvre et d'y juxtaposer quelques traits caractéristiques de l'histoire des autres marais.

Marais du sud de la Sèvre

Les marécages. — L'ancien golfe du Bas-Poitou, traversé par la Sèvre-Niortaise et ses affluents, est devenu un vaste marais qui se limite à l'Ouest par les côtes de la baie de l'Aiguillon ; au nord et au sud par les falaises jurassiques de la Vendée, des Deux-Sèvres et de la Charente-Inférieure et se prolonge à l'est en une pente qui remonte le cours de la Sèvre et de ses affluents.

La partie située sur les rives gauches du Mignon et de la Sèvre, ainsi qu'un territoire qui s'étend au nord de Marans, de chaque côté de la route de la Rochelle à Nantes, forme la partie charentaise de ce marais.

Ayant une origine commune, les marais de la Sèvre ont

conservé une grande similitude. Cependant, au cours des siècles, suivant l'ampleur et la continuité avec lesquelles ont été préparés, réalisés et entretenus les travaux d'assainissement, ils ont acquis des valeurs culturales fort diverses. Une distinction primordiale s'établit : celle des marais desséchés et des marais mouillés.

En Charente-Inférieure, nous trouvons des marais mouillés occupant 5.700 ha., dans les cinq communes de Saint-Martin de Villeneuve, Taugon-la-Ronde, Cram-Chaban, Saint-Jean-de-Liversay et Marans ; tandis que les marais desséchés s'étendent sur 26.000 ha. dans les cantons de Marans et de Courçon ainsi que dans quelques communes des cantons de la Rochelle et de la Jarrie.

Suivant les auteurs, il est admis que c'est du VI° au X° siècle que la mer s'est progressivement retirée du golfe du Bas-Poitou, abandonnant un dépôt de vase d'une épaisseur qui atteint parfois une vingtaine de mètres. Emergée en été, cette vase s'est séchée, a durci à la surface, tandis que dans la profondeur, à partir de 5 à 8 m., elle est restée encore boueuse et molle. Cette dessiccation, en se produisant, provoque un tassement et un affaissement qui continue encore de nos jours et sur les conséquences duquel nous reviendrons.

Les derniers apports marins ayant formé une sorte de seuil en bordure du littoral, l'ancien golfe était submergé l'hiver par suite de l'écoulement insuffisant des eaux par l'estuaire de la Sèvre, et se transformait l'été en un vaste marécage recouvert d'une végétation compacte et vigoureuse. Les détritus végétaux, accumulés, ont formé une couche de tourbe plus ou moins épaisse qui s'est superposée aux vases argileuses en s'y mélangeant. D'abord au hasard des pentes et des courants, l'eau s'écoulait au printemps, formant des ruisseaux vagues, réunis en rivières incertaines, affluents de la Sèvre. Clouzot (1) signale que dans les documents anciens, la Curée et le Mignon ne sont pas cités, ce qui donne à penser qu'ils se sont formés postérieurement. Des îlots et des presqu'îles calcaires ou des formations géologiques quaternaires (limons et graviers anciens) émergeaient du marais. Telle la presqu'île de Villedoux, les falaises d'Andilly et de Sérigny, les îlots de Charron, depuis Bourg-Chapon à Richebonne, la presqu'île de Marans à Fossillon à

---

(1) Les marais de la Sèvre Niortaise et du Lay, du x° à la fin du xvi° siècle, par Etienne CLOUZOT (Niort 1904).

Saint-Jean-de-Liversay, par Cossé, Vendôme, la Bastille, la
presqu'île de Choupeau depuis Thairé, l'îlot du Bois d'Albe,
celui de Margot et de Marvin, celui de Nion, ceux de Taugon
et de la Ronde, les presqu'îles de Saint-Martin-de-Villeneuve
et de Cram-Chaban. Les populations qui habitaient ces îlots
exploitaient les marécages tant par le pacage d'été des parties suffisamment enherbées que par la pêche. A l'aide de
barrages et d'écluses, ils commencèrent des assainissements
partiels sur lesquels nous possédons peu de renseignements.

Cependant, il apparaît que vers la fin du X° siècle les aménagements de pêcheries et de pacages étaient déjà nombreux.
Les parties hautes étaient même labourées, ayant été assainies par des fossés avec jets des déblais sur les bosses. Tous
ces travaux, faits sans ordre et au seul gré des propriétaires,
étaient insuffisants pour assainir le pays et le mettre en
valeur culturale.

Les dessèchements primitifs. — C'est à partir du XII° siècle, que l'on constate la réalisation de travaux importants,
en vue du dessèchement des marais. Les seigneurs de
Marans et de Benon ne s'étaient préoccupés que du dessèchement des marais les plus élevés, par contre, les moines
des grandes abbayes installés dans la région réalisèrent une
œuvre considérable. C'est en suivant pas à pas le développement de ces abbayes que l'on a su le rôle qu'elles ont joué
à ce point de vue. L'histoire de l'Abbaye de la Grâce-Dieu,
par Georges Musset (1), contient des renseignements précieux. Nous y glanerons, ainsi que dans les documents con-
tenus dans le même volume des Archives historiques.

En reconnaissance de sa conversion, à la suite de l'intervention de Saint-Bernard, Guillaume X d'Aquitaine décida
(25 mars 1136) de fonder une abbaye sur les domaines
dépendant du château de Benon, à l'extrémité des forêts
d'Argençon, à l'ouest du chemin de Mauzé à Cramaé et du
Gué-d'Alleré à Benon. Il la donne aux religieux de l'ordre de
Cîteaux auxquels appartient Saint-Bernard. Ces religieux s'ins-
tallèrent à quelques kilomètres de Benon et l'Abbaye prit le
nom d'abbaye de la Grâce-Dieu. Quelques années plus tard,
en 1140, Aliénor d'Aquitaine, fille de Guillaume et femme
de Louis VII, roi de France, fit donation à l'Abbaye de la
Grâce-Dieu de tout ce qu'elle pourra occuper de terre, dans
les eaux douces et dans les salines d'Andilly.

---

(1) *Archives historiques de Saintonge et d'Aunis*, tome XVII, p. 5
à 133 et documents des pages suivantes.

On retrouve confirmation de ces privilèges par Richard Cœur de Lion, Roi d'Angleterre, notamment pour la Prée d'Andilly, depuis le Moulin de la Brie jusqu'au Moulin d'Arconcelles, ainsi que les clos proches de Marans, de Sérigny et autres biens, avec faculté de défendre contre les eaux de mer ou contre les eaux douces tout ce qui pourrait être livré à la culture et être transformé en prés, pacages, pêcheries.

Les moines durent se mettre activement en mesure de conquérir la plus grande étendue possible de marais dans la région qui leur avait été donnée.

En 1188, Richard, Roi d'Angleterre, fonda l'Abbaye de la Grâce-Notre-Dame, de Charron, qui s'établit à l'extrémité ouest de Charron.

D'autre part, l'Abbaye de Saint-Léonard-des-Chaumes reçut en don des parties de marais et la Commanderie de Templiers de Bernay, en possédait également.

Constamment ces abbayes cherchaient à agrandir leurs domaines.

En 1192, le Seigneur de Marans concède les marais de l'Alouette aux trois abbayes en désintéressant les possesseurs par dés échanges, dans le but d'en faire exécuter le dessèchement, ce qui se réalisa en partie par le creusement du bot de l'Alouette qui part de l'île d'Aisne, passe par le Vigneau et descend vers la Sèvre. D'autres grands travaux avaient été exécutés au XIIe siècle, par le creusement de canaux et bots que nous trouvons comme existant dans les actes du début du XIIe siècle. En décembre 1200, nous relevons, en effet, que Guillaume de Mauléon, Seigneur de Marans, consent à ce que l'Abbaye de la Grâce-Dieu puisse procéder au dessèchement de ses marais soit en dirigeant les eaux vers la mer (canal de Sérigny et d'Andilly), soit en les écoulant vers la Sèvre, bot de la Barbacane et canal de la Brie (Marans)

A la même époque, décembre 1200, le Seigneur de Marans fait cession à l'Abbaye de la Grâce-Dieu d'un marais contigu à celui de la Brie. De leur côté, les religieux de l'Abbaye Saint-Léonard et les Templiers de Bernay qui possédaient des marais à la Brie avaient établi le bot de l'Angle.

En 1212 une transaction entre les abbés de Saint-Léonard-des Chaumes et la Grâce-Dieu au sujet des marais de Poyneuf et de la Brie intervient. Elle est complétée, en 1217, par un accommodement (1), en forme de transaction, entre les

____

(1) *Archives historiques de Saintonge et d'Aunis,* tome XI, page 24.

religieux de la Grâce-Dieu, ceux de Notre-Dame-de-Charron et ceux de Saint-Léonard-des-Chaumes au sujet des bornes et cours d'eau du marais de l'Alouette. Les confrontations indiquées sont : l'île d'Aisne, l'île d'Aisnette, le ruisseau de la Folie, le bot de Chaillé et le Grand Bot (2).

Il est signalé que le marais de l'Alouette est de bonne pâture : aussi, dès le début du XIII° siècle, une partie importante du marais voisin d'Andilly, de Charron et de Marans était assainie et exploitée. Une grande émulation se montrait à la conquête plus grande de nouvelles terres.

Les possessions de ces prés étaient particulièrement recherchées comme le montre la donation faite, le 7 février 1230, par Jeanne de Périgny, à l'Abbaye de Grâce-Dieu, d'un pré proche de la Grange de la Brie, en échange de parcelles de vignes sises au Grand Fief.

Une nouvelle preuve de l'ancienneté des grands travaux de dessèchement ressort de l'accord passé, en février 1248, entre l'Abbé de la Grâce-Dieu, l'Abbé de Saint-Léonard-des Chaumes et ses associés, pour dessèchement de marais et pour régler le cours des eaux, prolonger et augmenter le bot de l'Angle qui porte le bot de la Brie, clôturer et défendre les marais qui sont entre ces bots et la terre de Marans ; enfin, curer les fossés vers le marais de la Brune.

A la même époque, février 1248, se rattache une transaction relative à l'Achenal du Roi et aussi l'accord intervenu entre les cinq monastères par le creusement d'un canal qui part de la Perle près de Vouillée, passe au Vigneau ,s'incurve, et vient déposer dans l'anse de Braud. Ce canal est encore dénommé le canal des cinq-Abbés.

Comme conséquence de ces dessèchements, le marais et les villages voisins se peuplent, les routes se multiplient en même temps que les ponts et les jetées ; mais cela sans réglementation suffisante, ce qui, l'hiver, gêne l'écoulement des eaux et rend nécessaire le creusement de nouveaux canaux.

Pour mieux assurer l'évacuation des eaux, les Abbés de Maillezais, de Saint-Michel, de Saint-Léonard et du Grand-Prieuré de Bernay décident, en 1270, des travaux de creusement et d'agrandissement, à frais communs, du canal de la Brune qui débouche dans la Sèvre, au nord de Richebonne.

En 1283, le Roi intervint et prescrivit le tracé d'un nou-

---

(1) Actuellement Grand Bot de Vix.

veau canal se déversant dans le canal d'Andilly dont la largeur était alors de 25 pieds. Ce nouveau canal reçut et porte encore le nom d'Achenal du Roi.

Voilà donc une grande partie du marais de la Sèvre desséché en l'espace d'un siècle et recouvert de cultures de blé, de fèves et de prés ; car il faut noter que ces dessèchements avaient pour but la mise en culture et prévoyaient généralement deux tiers de la surface en terres labourables et un tiers seulement en prés.

Cette prospérité ne cessa de s'accroître pendant la première moitié du XIV° siècle jusqu'à l'époque où survint la guerre de Cent ans et ce fut alors la destruction des digues, l'abandon des travaux d'entretien des canaux, le pillage des abbayes, l'incendie des cabanes, le rançonnement des paysans et presque le retour à l'état sauvage de tout le marais.

Le Roi avait bien nommé, en 1409, une commission chargée de préparer les travaux de réfection ; mais la guerre ayant repris, le marais fut de nouveau abandonné. Les eaux envahissaient tout, l'hiver les cabanes étaient évacuées, les canaux s'étaient envasés et les digues restaient coupées.

François 1er ayant constaté que les anciens canaux étaient comblés, les digues rompues, le pays submergé, prescrivit par ordonnance de 1526, que les propriétaires et fermiers seraient contraints d'exécuter les réparations pour le rétablissements des digues.

Etienne Clouzot signale qu'en 1527 on fit, sur 7 km. de long, le Bot de la Garde ; qu'en 1537, fut creusé l'Achenal du Langon à Marans dans le but de faciliter la navigation ; mais que la plus grande inertie régnait au point de vue des dessèchements.

Un inventaire des biens de l'Abbaye de la Grâce-Dieu, en date du 8 juin 1547, mentionne la vacherie de la Grande Alouette, c'était une maison avec des pêcheries et des marais ne servant qu'à la nourriture du bétail ; elle était considérée comme de petite valeur et estimée seulement quinze livres tournois de ferme annuelle. Cependant il s'agit de ce même marais de l'Alouette qui en 1212, était signalé de bonne pâture.

Les guerres de religion consommèrent la ruine de la région. Suivant les succès ou les défaites, les terres passaient des mains des catholiques dans celles des protestants ou vice versa. Les biens d'Eglise furent en partie vendus. Les nouveaux propriétaires entreprirent souvent la remise en valeur des terres et marais ; c'est ainsi que la famille Arrivé, étant devenue propriétaire de la Seigneurie du Sableau, y effectua des travaux dont le montant est évalué à 13.692 livres 13 sols, ainsi que cela ressort de l'acte du 14 juin 1578, (1) par lequel l'Abbé de la Grâce-Dieu réclamait la possession des biens provenant de l'Abbaye. Par décision royale, satisfaction lui fut accordée moyennent l'obligation de rembourser les dépenses faites pour l'aménagement ; dépenses dont le montant est indiqué plus haut. Le paiement n'ayant pu être fait, la famille Arrivé resta propriétaire.

La métairie de Cressé fut également mise en vente et acquise par plusieurs propriétaires et ce n'est que cent ans plus tard que la possession en revient à l'abbaye.

Pendant toute cette période, les chefs des bandes vivaient sur le pays au détriment des paysans. Toute culture était devenue impossible ; d'ailleurs les portereaux avaient été démolis, les digues rompues et le pays inondé pour en faciliter la défense ; de nouveau, les îlots de Charron et de Marans étaient entourés de marécages et la route de la Rochelle à Nantes était presque impraticable l'hiver.

Dessèchement du XVII *siècle.* — Ce n'est que vers 1580, que l'on recommença des travaux de nettoyage assez étendus ; mais chacun suivait sa propre initiative, ne considérant que son intérêt personnel et immédiat : seigneurs, gens d'église, paysans restaient en lutte par opposition d'intérêts.

Henri IV par son édit du 8 avril 1599, confia le soin du dessèchement des marais du royaume à Humfrey Bradeley, gentilhomme de Brabant, natif de Bargues-sur-le-Zoon en lui accordant la moitié des palus et marais qu'il aurait desséchés. L'influence de cette unité de direction se fit immédiatement sentir. Bradeley ne pouvant assumer seul les charges financières d'une pareille entreprise, rechercha des associés dans chaque région de marais et les fit agréer par le Roi.

Les concessions faites à Bradeley s'appliquaient aux marais sauvages, chaque propriétaire s'empressa d'entreprendre lui-même le dessèchement de ses marais et, comme les abbayes n'avaient pas leur puissance ancienne, elles s'adjoignirent des seigneurs et des propriétaires pour l'exécution des travaux. De cette association féconde, date la régénération du pays.

---

(1) *Archives Historiques de Saintonge et d'Aunis,* tome xxvii, page 321.

Des règlements locaux furent établis suivant les prescriptions des sénéchaux du Poitou et de Saintonge et chacun fut tenu de curer ses fossés, de participer au redressement des digues et au curage des canaux au droit de chez lui.

De cette époque, sans doute, date le changement de nom de l'ancien Achenal du Roi qui, refait en entier par des entrepreneurs hollandais, fut depuis dénommé Ceinture des Hollandais.

L'action royale fut complétée par l'édit de janvier 1607, par lequel des privilèges furent accordés en faveur de ceux qui feraient des dessèchements : exemption pendant vingt ans des tailles et impositions sur les terres desséchées ; exemption de la dîme ecclésiastique pendant dix ans à compter du jour où les marais auraient été remis en culture ; enfin, anoblissement de ceux qui auraient réalisé des entreprises importantes.

Le premier effet de l'impulsion donnée par les ordonnances royales fut, dans le bassin de la Sèvre ,de remettre en état de culture ou d'exploitation les marais anciennement desséchés. Cependant de vastes étendues restaient encore à assainir.

Ainsi les marais de Choupeau n'ont été desséchés qu'à partir de 1640, (1) par Tuffet, suivant concession faite par l'évêque de Luçon dont dépendaient ces marais. Le 11 août 1642, (2) l'abbé Chevrault, baille le marais de la Brie, d'une contenance de 1.200 journaux, pour en opérer le dessèchement, ce dessèchement fut achevé en 1643, à la charge de payer le douzième du fruit et deux sols de cens par journal.

Une transaction du 8 mai 1651, entre François Arrivé sieur du Sableau, Conseiller du Roi, maître des Eaux et Forêts, etc...., et messire Elie Chevrault, abbé de la Grâce-Dieu, stipule que Arrivé et ses cohéritiers seront tenus, pour conserver la terre et seigneurie du Sableau, de déssé-cher deux pièces de marais rouchin, qui sont, la plus grande partie du temps, couvertes d'eau, du tout infructueux et sans aucun profit, ni utilité, à la dite Abbaye ; l'un appelé marais du Devant, tenant d'un côté au canal des Abbés, d'un bout à l'Ecluseau du sieur Arrivé, de l'autre à la seigneurie du Sableau ; l'autre pièce, dite marais aux Thores, tenant d'un côté au canal du Langon à Marans, de l'autre

---

(1) *Bulletin de la Société des Archives de Saintonge et d'Aunis,* tome x, page 89.

(2) *Archives historiques de Saintonge et d'Aunis,* tome xxvii, page

aux terres labourables de l'île du Sableau, d'un bout à la prise des Beaux-Menez, de l'autre aux pré de la Dalle, pré Neuf et pré Clarin ; les dites pièces, le dit Arrivé a promis de les faire dessécher, mettre en culture et terres labourables en trois ans.

D'autre part, nous avons également noté un autre traité passé avec les seigneurs du Sableau pour le dessèchement de marais doux dits « les Ablettes et le Gros Aubier » qui devra être achevé dans un délai de cinq ans, par la transformation en terres labourables, propres à recevoir du blé et des légumes dans la proportion des deux tiers. De nombreux accords analogues sont passés avec divers propriétaires voisins, par les abbayes moyennant les mêmes redevances,

Les marais de Taugon et de Boëre furent desséchés à cette même époque (1656).

Voilà donc les marais remis en état.

L'abbé de la Grâce-Dieu en profite pour entrer en possession des anciennes dépendances de l'abbaye. Il obtient des lettres de rescision, le 2 janvier 1649, confirmées par des arrêtés de 1653-1658-1660, pour le marais de la Grande Alouette. De même, par sentences du lieutenant général de la Rochelle, dès 14 mars 1650 et 6 mars 1651, il récupère la métairie de Cressé dont il prit possession le 13 octobre 1654.

Les marais de la Sèvre, de nouveau assainis, étaient en culture grâce à l'heureuse initiative du roi Henri IV, dont les ordonnances, par une application d'un demi-siècle, avaient ramené la richesse dans le pays. Un souvenir profond reste dans les traditions de la population du marais, de l'œuvre importante réalisée alors.

Pour l'entretien des canaux et des digues reconstruites des associations de propriétaires s'étaient créées, point de départ des syndicats actuels, associations dont certaines existent encore de nos jours. Elles étaient régies par le Réglement du Petit-Poitou (1634-1635).

Les quelques documents que nous venons de citer nous montrent les étapes suivies dans l'exploitation du marais.

Il ne faudrait pas croire que la réalisation des travaux s'est toujours faite de bon gré par les propriétaires, Parmi bien d'autres, nous pourrions citer la réclamation en dégrèvement d'imposition faite par les propriétaires des marais de Saint-Michel, Cossé, Bernay, la Brie, Poyneuf ; du marais de Beauregard (l'Angle Giraud) ; du marais sauvage, du marais du Petit-Poitou ; du marais de Taugon, la Ronde, de Choupeau ; du marais de Saint-Cyr-du-Doret, pour participer au curage du Contrebot de Vix, en date du 20 novembre 1675 (1).

Au milieu du XVIII° siècle, de nouveau, de grands travaux de curage furent entrepris suivant un programme établi par ordonnance du 28 Août 1751, de l'Intendant Boisremont, et comprenant curement du Contrebot de Vix depuis la mer jusqu'à l'aqueduc de l'île d'Elle. C'était là, la reprise du plan d'ensemble établi par arrêt du Conseil, du 5 Décembre 1711, qui permettait à la fois au sieur du Langon, de dessécher les marais de Vouillée, régler les différents entre le sieur de Champagné, propriétaire du marais de son nom et le chapitre de la ville de Luçon et ordonner de procéder au récurage du canal des Cinq-Abbés dans tout son cours, au récurage du Contrebot de Vix, de la rivière de Lavandée jusqu'à celle de l'Autize, de récurer le canal du Roi jusqu'à Lavandée. Les sommes nécessaires à ces travaux devant être imposées sur tout le marais desséché en proportion du nombre d'arpents.

Jusqu'à la Révolution il n'a pas été exécuté d'autres travaux dans les marais dits desséchés. Et, depuis, en dehors de la construction du canal de Marans à la Rochelle, les autres travaux n'ont été que des travaux de grand ou petit entretien.

Marais de Rochefort

L'assèchement du Marais de Rochefort est beaucoup plus récent. La rive droite de la Charente fut la première desséchée ; mais nous ne trouvons de trace d'un plan méthodique qu'à partir du XVII° siècle et comme suite à l'édit du 8 avril 1599 de Henri IV. C'est la partie haute du marais, le marais Saint-Louis, les marais de Muron, de la petite Flandre, de Ciré, etc... qui furent les premiers desséchés.

A partir de 1607, par édit royal (2), la famille de Comans, d'origine flamande, et leurs associés se virent attribuer l'entreprise du dessèchement du marais de Saint-Louis et des marais voisins. Jeanne de Saux céda aux de Comans tout le marais inondé de Saint-Louis en se réservant une rente annuelle de douze deniers par journal et un cheval de ser-

---

(1) *Archives départementales*, Série C, 19.
(2) *Bulletin de la Société des Archives de Saintonge et d'Aunis*, tome XI, page 310.

vice de race flamande, de 50 livres. Pour l'exécution de ces travaux, de nombreuses familles flamandes vinrent s'y fixer. Aussi, en 1627, quand la paroisse de Saint-Louis fut detachée de la commune de Muron, la région reçut-elle le nom de Petite-Flandre qu'elle a conservé pour une partie de ses marais. En 1639, Noël Champenois de la Roche obtint l'entreprise des travaux de dessèchement des marais de Ciré, de Charente, de Genouillé, d'Ardillières et de Muron. De nombreux entrepreneurs prirent en charge les dessèchements.

Notons par exemple la déclaration du Roi, du 4 mai 1641, en faveur de Pierre Siette.

C'est en 1653, que les sieur et dame de Massiron, seigneur et dame de Voutron, propriétaires du marais décidèrent de le dessécher (1). Par acte du 14 avril 1654, ils associèrent à leur entreprise le sieur Bernard Martin de Monjourdain, avocat au conseil, pour la vingtième partie de leur marais sous condition de solliciter, pour eux le dessèchement et de faire les démarches nécessaires (acte déposé en l'étude de Jupin, notaire à la Rochelle). Par arrêt du 5 juin 1655, les associés obtiennent le droit de faire leur dessèchement avec les privilèges accordés par les édits et déclaration de 1642 et 1643.

Les travaux de dessèchement ont été terminés en 1660. La contenance était de 3262 journaux. En 1751, elle était devenue de 3877 journaux. Actuellement elle est de 2072 ha.

A la fin du XVII° siècle, le gouvernement s'occupa plus spécialement du dessèchement des marais voisins de Rochefort. Vauban projetait de relier la Seudre à Brouage, d'inonder les marais salants trop bas ,en construisant une digue à Saint-Just. La réserve d'eau ainsi obtenue aurait alimenté le grand canal par des canaux à écluses. Les travaux commencés en 1684 furent arrêtés en 1688. D'autre part, un canal navigable devait relier Brouage à la Charente par le canal de Saint-Agnant et la rivière de Pont-l'Abbé ; ces travaux ne furent jamais entrepris.

Il faut arriver à la fin du XVIII° siècle, pour voir se transformer le marais de Rochefort.

Un mémoire du mois de mai 1748, sur le projet de dessèchement des marais qui entourent Rochefort, attribué au

---

(1) Document fourni par le Directeur du marais de Voutron, L. Boisseau, notaire honoraire à Thairé.

comte de Broglie, prévoyait l'assèchement de dix mille arpents de Tonnay-Charente à Soubise ; c'est l'intendant de Reverseaux ,qui, l'année suivante, comme suite à l'arrêt du Conseil du Roi, du 30 octobre 1782, commença les travaux qui furent interrompus par la révolution, mais poursuivis plus tard, à partir de 1807. Le projet de Reverseaux comprenait le dessèchement des marais de Rhône, de Pontl'Abbé, de Saint-Agnant, de Brouage, de Soubise, de Saint-Nazaire, de Saint-Laurent-de-la-Prée, des bords de la Charente, de la Boutonne et de la Gère jusqu'à la Cabane-Carrée. De 1807 à 1839, les travaux furent repris et l'on des009écha les marais suivants : marais de Saint-Jean du Breuil, d'Ardillières, de Ciré, et de Muron, formant ensemble 1.600 ha. Le canal principal était fait aux frais de l'Etat et les propriétaires exécutaient les travaux secondaires. C'est dans ces mêmes conditions que furent desséchés les marais de Rhône, du Vergeroux, de Rochefort, de Saint-Laurent-de-la-Prée, des deux rives de la Charente, formant ensemble 2.500 ha., et, enfin, les marais de Pont-l'Abbé-d'Arnoult et de Champagne, ainsi que la rive gauche de la Charente, pour superficie de 1.100 ha. En 1835, il restait à dessécher, sur le plan principal, les marais de Ballon, en amont du marais de Voutron, et, sur la rive droite du canal de Charras, 400 ha. les marais de Lupin, sur la rive gauche de la Charente, près de son embouchure, dans la commune de Saint-Nazaire. Assaini postérieurement aux périodes troublées, le marais de Rochefort n'a subi aucune des vicissitudes du marais de la Sèvre.

Marais de la Boutonne

En remontant le cours de la Boutonne, l'on trouve toute une région marécageuse qui, même à l'heure actuelle, n'est pas méthodiquement desséchée. Il ne faut pas croire que rien n'ait été fait en sa faveur.

Dès le 10 mars 1604, une demande de concession des marais vagues (1) sur la Boutonne, en vue de les améliorer, avait été adressée au duc de la Trémoille ; de son côté, Humfrey Bradeley fit une tentative de dessèchement, fit creuser des fossés, mais il abandonna son entreprise devant l'incertitude des résultats à obtenir.

En 1656, Samuel Massonneaux et Pierre Thévenin (2) pas-

---

(1) *Archives de Saintonge et d'Aunis*, tome i, page 157.
(2) Statistique de GAUTIER, p. 328.

sèrent un traité avec M. de Saint-Seurin, seigneur de Tonnay-Boutonne, par lequel ils s'engageaient, moyennant l'abandon des deux tiers, à dessécher dans un délai de trois ans tous les marais compris entre le port de la Boutonne et le lieu nommé Quart-d'Ecus, et de mettre en terres labourables, prairies et pacages.

Les traces que l'on retrouve des fossés et des cabanes prouvent que cette entreprise a été réalisée. Mais les propriétaires ayant quitté la France lors de la révocation de l'Edit de Nantes, c'est-à-dire une trentaine d'années après, les travaux d'entretien furent négligés et le marais revint à son état primitif.

Depuis, plusieurs projets ont été faits, en 1760-1768-1786, aucun n'a été réalisé. Quelques propriétaires ont fait des travaux isolés en traçant des fossés.

La végétation étant vigoureuse, il s'est formé une épaisse couche de tourbe et il faudrait creuser assez profondément pour trouver des terres assez imperméables pour être employées à la confection des digues. Le défaut des travaux exécutés est que, généralement, l'on emploie pour établir les digues, des terres perméables et que les digues sont inefficaces. Les échecs successifs dans les travaux de dessèchement de ces marais font ressortir les difficultés locales. Nous reviendrons plus loin sur les moyens d'y pallier et de réaliser sur ces marais l'assainissement obtenu ailleurs.

Marais de Brouage

Longtemps les marais de Brouage furent des marais salants.

Cependant à côté du marais salant proprement dit, sur les bosses existaient des soles de prés servant à l'élevage, dont l'importance s'est accrue constamment à mesure de l'abandon de l'exploitation du sel.

Le pays de Brouage, par suite du mauvais entretien des marais salants, était devenu pestilentiel. Des travaux d'ordre général ainsi que des travaux particuliers furent cependant exécutés en vue de son assainissement. C'est ainsi qu'en 1716, Favard (1) ouvrit le canal de jonction de la Charente au havre de Brouage. En 1808, Napoléon avait promis des prisonniers pour exécuter des travaux ; mais,

---

(1) *Histoire du dessèchement des lacs et marais en France avant 1789*, par le comte de Dienne.

après la perte de l'escadre dans la rade de l'île d'Aix, il
lui parut dangereux de maintenir des milliers de prisonniers dans cette région, et les travaux furent arrêtés. En
1812, un nouveau projet reçut un commencement d'exécution ; il prévoyait le rétablissement, le curage des canaux
de Broue, de Saint-Fort, de Saint-Symphorien, de Mérignac
et de l'Epée et la construction de grandes ceintures l'une du
canal de Saint-Symphorien à celui de Saint-Agnant, l'autre
du canal de Broue à celui de Mérignac et, enfin, une embouchure à l'écluse du canal de Broue.

La période troublée de la fin de l'Empire ne fut pas favorable à l'exécution méthodique de ces travaux et l'on doit
à Le Terme d'avoir réalisé les travaux d'assainissement de
tout le marais de Brouage. Ces travaux sont trop connus,
ainsi que les réglements prévus pour leur entretien, pour
qu'il y ait lieu ici d'insister ; mais il convient de signaler
tout le mérite qu'à eu Le Terme (1) dans la réalisation d'un
programme aussi important et qui a été achevé vers 1824.

MARAIS DE LA GIRONDE ET DE LA SEUDRE

Tandis que les marais de la Seudre sont restés longtemps
des marais salants, les marais de la Gironde malgré
l'apport d'eau légèrement salée, ont été depuis longtemps
déjà l'objet d'assainissements en vue de la culture. Là encore
il faut remonter à l'influence des édits d'Henri IV pour
retrouver l'origine du dessèchement des marais de la
Gironde, qui, en Charente-Inférieure, sont principalement
constitués par les marais de Royan et de Saint-Bonnet.

Le dessèchement du marais de Saint-Bonnet fut exécuté
comme dépendance des travaux de dessèchement des marais
de Blaye en exécution de l'arrêt du Conseil, en date d'avril
1645 (2). Jacques Michel, chargé de tous travaux d'assainissement des marais de Blaye et de Blanquefort, constitua
des sociétés financières dans lesquelles entrèrent principalement ses parents et amis de Saintes ou tout au moins de
Saintonge. D'après l'acte passé chez Mᵉ Fleuriau, le 31
mars 1633, sur les 46.000 journaux comportant les marais
de Blaye, Jacques Michel eut, comme part, le dixième, soit

(1) Réglement général et notice sur les marais de l'arrondissement
de Marennes, par LE TERME, 1826.
(2) *Bulletin des Archives de Saintonge et d'Aunis*, tome XII, p. 39

4.600 journaux, pris dans le marais de Saint-Bonnet, les dessèchements furent faits au début de l'année 1633. Depuis, ce marais s'est morcelé mais a continué à être suffisamment entretenu par ses propriétaires pour être considéré comme pratiquement assaini.

MARAIS SALANTS ET MARAIS GATS

L'exploitation du marais sous la forme des salines est la plus ancienne, elle remonte aux Gaulois, antérieurement à la conquête romaine. Les îles de Ré et d'Oléron, le marais de Brouage et de Marennes, le long de la Seudre, ont été pendant plusieurs siècles réputés par l'importance et la qualité de leur production saline. Le Terme dans son règlement, page 180, évalue à 150.000 muids de sel la production annuelle au XVIᵉ siècle, et lui donne une valeur correspondante à plus de 60 millions. La concurrence des sels importés, les guerres civiles, la perte du port de Brouage, l'inégalité des droits sur les différentes salines, l'éloignement progressif de la mer, l'incertitude des récoltes et le défaut d'entretien des canaux sont autant de causes de l'abandon des marais salants et de leur transformation en marais gâts.

Il existait des salines à Marennes au VIIᵉ siècle (1) puisque Dagobert fit don à cette époque de quelques salines à l'Abbaye de Saint-Denis. Dans les capitulaires de Charlemagne on trouve cités les sauniers de l'île de Ré.

Nous avons retrouvé trace au cours du Xᵉ siècle, de plusieurs transactions entre l'Abbaye de Saint-Jean-d'Angély et diverses personnes, relativement à l'exploitation de salines dans le marais d'Yves. Le Terme cite les privilèges accordés par Guillaume I, Geoffroy Martel et Guy, de 910 à 990 aux habitants de l'île d'Oléron par la construction de marais salants.

Dans un procès intenté en 1068, il est parlé des salines du marais de Saint-Agnant et l'on retrouve trace d'actes relatifs aux salines de la Sèvre, des marais côtiers de la Rochelle, Yves, Angoulins, du Bassin de la Charente, de Brouage, de la Seudre et les îles de Ré et d'Oléron.

La région de Marennes et de Brouage est restée longtemps la plus productive de sel et les seigneurs, les abbés, le clergé des régions voisines cherchaient à posséder des parcelles

---

(1) *Le monachisme en Saintonge et Aunis aux* xiᵉ *et* xiiᵉ *siècle,* par BRUHAT.

de salines qui puissent leur assurer leur approvisionnement. Les documents sont nombreux à ce sujet. C'est en 1196, par exemple (1), que les religieux de Notre-Dame-de-la-Garde, en Arvert, obtiennent la possession d'une saline au voisinage de leur abbaye.

A l'embouchure de la Seudre, entre l'étier ou canal de Putet et la chaussée du moulin de Disail, le 7 juin 1221, le seigneur de Matha et de Mosnac donna la grande saline, près du canal de Barbaro, aux moines de l'Abbaye de Notre-Dame.

Ce sont, d'autre part, les moines de l'Abbaye de Sainte-Gemme qui, en 1236, obtiennent la donation de marais salants joignant le Château de Chesson (2). En 1320, les mêmes moines obtiennent la donation du marais de Saint-Germain.

Une grande partie du marais de Brouage était possédée par les seigneurs de Pons et l'on retrouve, dans les archives de Saintonge et d'Aunis, de nombreux états de dénombrement des marais devant redevance au seigneur de Pons du XIV° au XVII° siècle (3).

Un mémoire de Michel Bégon, Intendant de la généralité de la Rochelle, précise, à la date de 1698, l'importance des marais salants (4). Il donne un état des marais de l'élection de la Rochelle, de l'île de Ré, de Brouage, de la Seudre à l'île d'Oléron qui correspond à un total de 32.000 livres. Il estime que déjà, à cette époque, un tiers de la surface des marais salants est abandonné et constitue les marais gâts produisant du foin ou des graines que l'on sème sur les bosses.

La situation économique des sauniers restait précaire par suite des lourdes charges supportées par les marais et l'irrégularité de la production et de la vente du sel. Le 8 avril 1763, à la requête des seigneurs, des propriétaires et des fermiers des marais salants de Marennes et sur convocation de l'intendant de la généralité (5), une assemblée générale s'est tenue dans le couvent des R. P. P. Récollets de Marennes à laquelle assistaient les délégués des paroisses,

------

(1) *Cartulaires inédits de la Saintonge,* par l'abbé Th. GRASILIER, pages 88, 90.
(2) *Archives de Saintonge et d'Aunis,* tome XIX, page 365.
3) *Archives de Saintonge et d'Aunis, tome* VI, XIX & XXII.
(4) *Archives de Saintonge et d'Aunis,* tome II, pages 73-75.
(5) *Archives départementales,* série C 195, pièces 30-39.

des habitants des communes de la région des marais de Brouage, de la Seudre et de l'île d'Oléron, à l'effet d'obtenir des dégrèvements des charges et des droits sur l'importation des sels étrangers. Des marchands de sel s'étant introduits dans cette Assemblée, des troubles se sont produits sans que satisfaction puisse être obtenue. Quelques années plus tard dans un rapport adressé à Necker, le 19 août 1780 (1), l'Intendant signale que les salines sont de plus en plus délaissées parce que les droits perçus tant au profit du Roi qu'à celui de divers bénéficiaires grèvent si lourdement l'exploitation qu'ils empêchent la possibilité de toute concurrence avec l'Espagne et le Portugal malgré la supériorité des sels qu'elle produit. Il signale d'ailleurs que l'on a desséché beaucoup de marais depuis dix ans. Une étude plus récente (2) confirme cette situation faisant ressortir que l'hectare de marais gâts rapporte à peu près le double du produit des marais salants.

D'ailleurs depuis les travaux de dessèchement réalisés par Le Terme, à Brouage (1824), l'ancienne saline qui occupait une superficie de près de 9.000 ha. n'en compte guère plus de 1.500.

Actuellement, les marais salants sont encore plus réduits, ils ont presque disparus de la région de Brouage et de Marennes ainsi que du littoral. Le seul groupement encore important est celui de l'île de Ré qui en compte environ 1.300 ha.

La création d'une laiterie coopérative entre les propriétaires des salines de l'île d'Oléron et d'une autre coopérative de laiterie au Bois-en-Ré destinées à utiliser les bosses des salines et des marais gâts, arriveront à faire diminuer encore la proportion des marais salants.

Par cet aperçu rapide sur l'histoire des marais Charentais nous avons tenu, en citant quelques dates et quelques faits, à préciser ce qu'a été l'exploitation du marais à partir du moment de son dessèchement jusqu'à nos jours. Nous trouvons dans sa situation économique le reflet des vicissitudes subies par les populations et, par contre coup, les conséquences du bon ou du mauvais entretien des canaux. Chaque fois que les propriétaires ont su oublier leur intérêt

---

(1) *Archives départementales*, série C 195 pièces 83-84.
(2) *La saline de Marennes*, par LETÉLIÉ.

personnel immédiat et se grouper pour l'exécution de travaux d'ensemble : création ou entretien, ils ont assuré au marais une prospérité indiscutable ; mais que ce soit sous l'influence d'événements historiques indépendants de leur volonté, que ce soit par le fait de désaccords survenus entre eux, chaque fois que l'entretien des ourages principaux, canaux et digues, et des ouvrages secondaires, petits canaux et fossés, a été délaissé, le marais a immédiatement perdu de sa valeur. Nous reviendrons sur ces considérations au moment de l'examen des désidérata des syndicats de marais.

CHAPITRE II.

Notes agrologiques

Origine géologique. — Les marais charentais se divisent en deux catégories, les maritimes ou côtiers, et les fluviaux ou intérieurs.

Les marais maritimes sont constitués par un dépôt d'argile marneuse, sorte de vase atteignant parfois 28m. d'épaisseur. Le Professeur Jules Welsch (1) qui a particulièrement étudié cette formation géologique, la dénomme argile à Scrobicularia plana (lavagnon) représentant un dépôt marin et l'estuaire de l'époque moderne analogue à celui qui se forme dans la baie de l'Aiguillon ou entre l'île d'Oléron et le Continent. Cette argile que les agriculteurs appellent *bri* est parfois recouverte de dépôts tourbeux produits par la décomposition des plantes du marécage, parfois aussi de dépôts sableux provenant de dunes littorales que la mer a élevées en cordons littoraux et dont le vent entraine les éléments fins, et quelquefois enfin d'alluvions fluviales.

Le bri domine, et, comme il provient principalement de l'érosion des falaises calcaires, il est assez riche en carbonate de chaux. Cependant la partie amont des marais de la Sèvre, ainsi que les marais des rives de la Charente montrent assez souvent la prédominance des alluvions fluviales.

Les marais fluviaux de l'intérieur, ceux de la Boutonne,

---

(1) L'argile à scrobiculaires des marais maritimes du Centre Ouest de la France, p. Jules WELSCH.

Modifications anciennes et actuelles des Côtes du Centre Ouest, par Jules WELSCH.

ceux de la Gère, de l'Arnoux, de la Charente en amont de Saint-Savinien et de la Seugne sont presque exclusivement formés d'alluvions fluviales et de tourbe appartenant au pliocène et au quaternaire.

Dans toutes les parties du marais, la stagnation des eaux douces a provoqué la putréfaction de la végétation spontanée. Les dépôts sont devenus tourbeux, et ont donné au sol en même temps qu'une réaction acide, une couleur noire.

Toutes ces formations marines ou fluviales constituent au début des dépôts mélangés d'eau. A mesure que la dessiccation se produit, soit naturellement par évaporation, soit artificiellement, par l'exécution de canaux et fossés de dessèchement, le volume des dépôts diminue, il se produit un tassement superficiel d'abord, puis de plus en plus profond, et à mesure la surface du marais s'affaisse.

L'épaisseur du bri séché est actuellement de 6 à 8 m., au dessous il se trouve délayé dans de l'eau en bien des points et à l'état boueux. Dans les fondations des travaux d'art, il faut parfois éviter de donner aux fondations une profondeur de plus de 5 m., sans quoi l'on se trouve obligé de les établir sur pilotis.

Les îlots de banche (calcaire) semblent remonter, la pierre pousse, comme le répète Le Terme dans sa notice sur l'arrondissement de Marennes. Nous marquerons surtout que cet affaissement du marais rend temporaires les nivellements faits pour l'exécution des travaux d'assainissement. Il s'en suit la nécessité de les renouveler.

Terrains. —Le bri déposé par la mer est rarement resté pur à la surface du sol. Les plantes du marécages ont par leur décomposition accumulé une couche d'humus qui l'a recouvert d'une épaisseur atteignant parfois 0,25 à 0,30 cm. Les touffes de roseaux ou de rouches ont formé çà et là de volumineux monticules (mottines) contre lesquels se sont déposées plus épaisses les alluvions d'eau douce apportées par les débordements des rivières sur une grande partie du marais.

Les travaux de dessèchement les plus anciens ont aussi modifié maintes fois la composition du sol primitif. Souvent les labours ont mélangé la tourbe superficielle au bri, souvent encore les déblais provenant du creusement des canaux et des fossés ont été jetés sur la tourbe du marécage et réalisé ainsi un mélange de bri et de tourbe. Le bri ainsi mélangé est devenu le bri-bâtard dans lequel la compacité de l'argile est atténuée par l'action de l'humus de la tourbe.

D'autres fois les transgressions marines ont apporté des éléments plus sableux.

Les lais de mer contiennent assez généralement une certaine proportion de sables alternée à des assises de bri suivant que les dépôts ont été faits en eaux plus ou moins calmes. Des sels marins abondants au début, et de moins en moins fréquents ensuite donnent à ces lais de mer un caractère agrologique particulier.

Tous les marais fluviaux sont formés de dépôts d'alluvions à éléments fins, recouverts de dépôts tourbeux.

Bref, malgré leur similitude de formation géologique les terrains de marais sont de compositions assez diverses. Nous en donnerons une idée par le relevé de quelques analyses.

	BRI	BRI BATARD	MARAIS GATS	TERRES REMANIÉES	ALLUVIONS FLUVIALES	TERRES TOURBEUSES
	0/00					
Sable siliceux..	70 à 80	67 à 70	70 à 75	78 à 82	75 à 80	3,00
Calcaire . . .	5 à 12	6,50 à 11,25	4 à 10	Traces	2 à 10	2,50
Argile. . . .	10 à 20	10 à 15	8 à 10	8 à 15	3 à 6	5,00
Humus et eau.	»	»	»	»	»	89,00
	0/00					
Azote	2,50 à 3	2 à 3	0,50 à 1	0,25 à 0,30	1 à 1,35	10,00
Acide phosphorique.	1 à 1,50	1,50 à 3	0,35 à 0,40	0,90 à 1	1 à 1,05	0,60
Potasse . . .	8 à 10	8 à 10	0,25 à 0,30	1,50 à 1,70	3 à 5	10,00
Chlorure de sodium..	»	»	0,60 à 0,65	»	»	»

Ainsi le bri et le bri-bâtard sont des terres argileuses contenant une assez forte proportion de sable siliceux fin et une bonne dose de calcaire. Leur richesse est très supérieure à la moyenne sauf pour l'acide phosphorique.

Par leurs propriétés physiques ces terres étant compactes et imperméables restent peu favorables à la culture. Elles exigent des attelages puissants. Longtemps boueuses et inabordables à la charrue, elles sèchent rapidement au printemps et deviennent très dures. Il faut donc beaucoup de célérité dans l'exécution des labours pour réussir à les exécuter en temps opportun. C'est là une des principales causes qui ont fait de plus en plus restreindre leur culture, en les faisant transformer en prairies naturelles ou en prairies artificielles.

Dès la fin du printemps le plan d'eau s'abaisse promptement par suite de l'intensité de l'évaporation conséquente de la fréquence des vents et de la grande activité des phénomènes capillaires dans ces terres à éléments fins. D'abord la surface se durcit, puis se fendille et de larges crevasses s'ouvrent dans l'épaisseur du bri.

Pour ameublir les terres de bri, il faudrait de fréquents passages de pulvériseur à disques, de scarificateurs, de croskill et ne jamais labourer quand l'argile est encore humide et collante. Le mélange de la tourbe au bri en atténue la compacité ; mais les terres privilégiées sur lesquelles ce mélange a pu se faire assez complétement sont assez rares.

Les terres en culture ont été rehaussées ou bien sont placées à proximité de fossés qui en assurent le dessèchement régulier.

Quand la surface du marais est restée tourbeuse, ce qui est le plus fréquent pour les parties restées en prairies, les popriétés du sol sont très différentes. L'hiver, l'eau de pluie et les eaux de ruissellement les submergent presque en entier. Mais au printemps dès que les eaux s'écoulent elles favorisent la pousse rapide d'herbes abondantes, qui par leur transpiration et l'eau qu'elles absorbent aident à l'assainissement du sol. La terre tourbeuse étant spongieuse retient mal l'humidité, une évaporation active se produit, les pores s'ouvrent à l'air et la terre sèche. Si bien que ces prairies humides ou noyées l'hiver deviennent plus sèches l'été que celles sur terres argileuses. De verte, la végétation passe à la couleur paille mûre. A ce moment l'excès d'eau évacué au printemps serait précieux pour faire des irrigations. Il faut reconnaître que les premières pluies d'automne et la fraîcheur des nuits suffisent à renouveler l'humidité de la tourbe et à redonner à la végétation toute sa verdeur.

Le bri étant imperméable, l'eau potable est rare dans le marais, les puits sont au voisinage des îlots calcaires ou en bordure du marais. Mais toutefois l'eau des grands canaux suffit une grande partie de l'année à assurer un approvisionnement normal.

En ce qui concerne notamment le bassin de la Sèvre, nous tenons à faire remarquer que, contrairement à ce que l'on pourrait penser en voyant le marais maritime sensiblement horizontal, le bri ne repose pas sur un support de niveau régulier. Le substratum Jurassique a été corrodé irrégulièrement par la mer ; les îlots importants qui émergent ne sont que les plus hauts monticules de l'ancien fond de mer. Aussi les épaisseurs du bri sont-elles très variables, de 3 et 4 m. à 25 et 28 m.

Dans certaines cabanes, la banche (calcaire jurassique) présente des pointements à faible profondeur de la surface, ce qui permet de creuser des puits, rarement très abondants, mais donnant cependant de l'eau potable. Fréquemment le creusement de puits à travers le bri donne des eaux salées.

Climat et Régime des eaux. — Le climat du marais Charentais est doux et très humide l'hiver par suite des pluies fréquentes dues au voisinage de la mer ; des brouillards produits par les eaux stagnantes, celles des canaux, celles des cours d'eau et des fossés. La température moyenne est de 12° 2, et se trouve supérieure de 2° à celle de l'intérieur des terres. Elle présente son minimum, qui est rarement inférieur à moins 5°, en février et son maximum en juillet.

La luminosité est grande dans le marais. Les étés sont chauds, l'absence d'ombrage, les arbres étant très rares dans le marais charentais sauf dans le marais de la Boutonne et le marais mouillé, permet une insolation complète, qui, dès le début du printemps, réchauffe les terres, produisant une pousse rapide et abondante des herbes des prairies. Pour les marais assez élevés, d'où l'eau s'écoule rapidement, la chaleur de l'été provoque l'échaudage et un arrêt de végétation des graminées des prairies qui se dessèchent et ne reverdissent qu'en septembre ou octobre après les pluies d'équinoxe. Il tombe annuellement 660 millimètres de pluie. La période d'octobre à janvier est la plus humide. Les vents dominant sont ceux S. S. O. et correspondent à la pluie et aux brouillards. Quand les vents remontent au N. N. E. ils amènent le beau temps.

La douceur du climat est telle qu'elle permet de laisser les bovidés au pacage, sans abri, pendant toute l'année, sauf deux ou trois mois de l'hiver.

Malgré le réseau serré des canaux et des fossés, l'abondance des eaux de pluie jointe au gros volume des eaux extérieures provoque dès l'automne, l'inondation de presque tout le marais resté en prairie. L'évacuation en fin d'hiver est gênée par le mauvais entretien de certains canaux et de la plupart des fossés.

Nous ne donnerons pas de longs détails sur le régime des eaux, car il est établi par le bon fonctionnement des travaux de dessèchement dont nous avons donné un aperçu historique.

Pour le bassin de la Sèvre principalement, il est regrettable qu'un plan d'ensemble des travaux de dessèchement n'ait pas été établi. Les dessèchements plus récents ont été plus méthodiques. Le marais de Rochefort et surtout le marais de Brouage bénéficient d'un ordonnancement plus rationnel.

Quand on se promène à travers les marais charentais du sud de la Sèvre et de Rochefort, l'on reste surpris de l'aspect peu ordonné du tracé des fossés et de certains canaux ; mais il y a peu à réformer. Il est pratiquement impossible de reprendre à pied d'œuvre l'ensemble des travaux. Cela est d'autant plus regrettable que les expériences successives confirmées par la pratique ont permis d'établir des plans méthodiques. Déjà l'article sur les dessèchements publié par de Chassiron (1) constitue une étude magistrale de la question tant au point de vue technique qu'au point de vue cultural.

Les fortes marées et les tempêtes en provoquant l'élévation du niveau de la mer empêchent l'écoulement normal des eaux douces par les rivières ou les écluses des canaux. Dans les canaux mal faucardés et restés longtemps sans curage, l'eau s'écoule trop lentement, ce qui ne permet qu'un abaissement insuffisant du niveau général entre deux marées consécutives. En plus le mauvais entretien des fossés retarde l'évacuation des eaux qui recouvrent les terres.

Il faut reconnaître que la trop faible pente de tous les canaux gêne le départ des eaux ; et l'on doit se demander si, en présence du manque de main-d'œuvre qui de plus en plus rend difficile sinon impossible l'exécution des travaux d'entretien, il ne convient pas d'envisager non seulement l'emploi de machines pour le faucardage et le curage ; mais encore celui des méthodes différentes appliquées en Hollande et en Italie pour compléter l'assainissement de certains marais.

---

(1) *Cours d'Agriculture* de l'Abbé Rozier. Paris 1805, tome X, p. 460-481.

Ce sont là des questions d'ordre général, intéressant tous nos marais. Le Ministère de l'Agriculture, par son Service du Génie Rural et par les Services Agricoles, les Chemins de fer de l'Etat, particulièrement intéressés à la prospérité des Marais de l'Ouest de la France, les Grandes Associations agricoles, les Conseils Généraux, les Chambres d'Agriculture et surtout les Syndicats de Marais devraient soumettre à une étude méthodique cette question qui, actuellement, comme maintes fois au cours des siècles passés, est la question vitale du Marais. Il faut reconnaître que depuis quelques années les doléances des syndicats de marais n'ont pas été suffisamment écoutées.

Au problème de l'évacuation des eaux, l'hiver, s'ajoute celui des irrigations l'été. Il est vraiment déplorable qu'après avoir été submergé, le marais devienne tellement sec l'été que les herbes sèchent et que l'on éprouve de grandes difficultés à assurer l'abreuvage des animaux au pacage. A maintes reprises l'on a examiné ce dernier problème, notamment pour les marais de Rochefort, de Brouage et de Marennes en utilisant soit les eaux de la Gère et du canal de Charras, soit celles de la Boutonne, soit surtout celles de la Charente, prises en amont de Cognac.

Pour assurer l'irrigation estivale des marais de Rochefort et de Brouage, Decharme (1) estimait qu'il faudrait 1/4 de litre par seconde.

Il semble généralement que l'on devrait accumuler en un lac les eaux extérieures si préjudiciables l'hiver et le printemps, et les employer l'été pour l'irrigation.

Une autre difficulté dont le défaut de solution cause un grand préjudice au marais, résulte de la multiplicité des associations ou syndicats de marais, qui dans leur rayon d'action s'occupent trop exclusivement de leur intérêt immédiat ou apparent et gênent le fonctionnement des syndicats voisins.

En année normale les réserves d'eau, constituées par le canal de la Charente à la Seudre et les canaux des grands syndicats, suffisent à assurer l'abreuvage des animaux dans le Marais de Brouage. Pour cette région l'abandon par l'Etat des travaux d'entretien qui lui incombait empêche d'effectuer l'irrigation par le canal de jonction, et d'évacuer les eaux croupies par le canal de Brouage dont l'extrémité

---

(1) Enquête de 1872. — DECHARME, Ingénieur des Ponts et Chaussées.

est presque ensablée. De vastes abreuvoirs creusés dans les prés-marais suffisent aussi dans les Marais de Rochefort et du Sud de la Sèvre, en les alimentant par les eaux du canal de Charras ou des rivières. Mais si l'année est sèche le manque d'eau est général.

En 1921, pour citer un exemple récent, la sécheresse s'est manifestée dans le bassin de la Sèvre au point que les fossés et les canaux secondaires étaient à sec ou ne contenaient que des eaux saumâtres à partir du 15 août, et que, depuis cette date jusqu'en janvier 1926, il fallait conduire le bétail boire dans les grands canaux ou à la Sèvre. Une pareille sécheresse est rare. La période critique ne dure généralement qu'un à deux mois.

Par contre, l'évacuation des eaux au printemps est parfois retardée. C'est ainsi qu'en 1926 et surtout en 1927, bien des prairies de marais avaient encore de l'eau au début de juin même dans les marais desséchés.

Lorsque le faucardement ou le curage des canaux n'ont pas été régulièrement exécutés, non seulement l'écoulement des eaux est ralenti dans la période d'inondation ; mais l'été la réserve d'eau se trouve diminuée d'autant.

Les eaux qui croupissent dans les grands fossés et les canaux créent un milieu pestilentiel, particulièrement redouté dans le marais de Brouage et dans la partie basse du marais de Rochefort, ce qui est à craindre cette année.

De l'exposé succinct de ces faits, ressort l'importance capitale qu'a pour l'assainissement du marais et pour son exploitation l'entretien des canaux et des fossés, ainsi que l'établissement de réserves d'eau pour l'été. C'est le rôle des commissions administratives et des directeurs des syndicats que d'organiser et de réaliser ces travaux.

Pour les Syndicats qui sont reliés directement à la mer par un canal dont ils ont la gestion, la tâche n'est pas trop ardue ; elle dépend simplement du facteur main-d'œuvre et du facteur ressources.

Mais lorsque plusieurs syndicats utilisent le même canal, les difficultés s'accroissent, car aux facteurs main-d'œuvre et ressources s'ajoute la nécessité de mettre en accord les besoins d'évacuation d'eau ou de réserve d'eau pour des niveaux différents. Question insoluble, sans transactions et sans règlements amiables.

La situation d'un certain nombre de marais se complique du fait de l'abondance des eaux extérieures. Certains marais de petite surface reçoivent les eaux de terres supérieures d'une surface souvent cinq fois plus grande. Aussi malgré l'exécution des canaux suffisants pour assécher le marais, les inondations se produisent du fait des eaux supérieures. Bien que la législation générale française crée la servitude des eaux pour celui qui est en aval, il serait de toute justice dans le cas des marais desséchés que le rayon d'accumulation des eaux extérieures soit imposé d'une taxe pour participation aux travaux d'entretien ou mieux à la construction d'exutoires spéciaux .

Dans le bassin de la Sèvre, certains grands canaux ont été creusés avec l'aide de subventions de l'Etat, mais ce sont les syndicats intéressés qui en ont assuré l'entretien, cas du Contre-bot de Vix. Par contre, les marais de Rochefort, de Brouage et de la Boutonne ont comme grands évacuateurs des canaux provenant de rivières canalisées considérées comme navigables. Ce sont le canal de la Charente à la Seudre et au havre de Brouage, la Gère et le canal de Charras, la Boutonne. Jusqu'à ces temps derniers l'entretien de ces canaux incombait aux Ponts et Chaussées.

Une loi récente vient de les déclasser et le retard apporté à en remettre l'entretien à la charge des syndicats riverains, qui ne paraissent pas très heureux de ce cadeau, leur cause un préjudice incalculable. C'est qu'en effet les canaux leur sont remis en mauvais état, n'ayant été qu'insuffisamment entretenus depuis plusieurs années, ce qui impose dès travaux de réparation en plus des travaux d'entretien. D'autre part le statut légal des Fédérations d'associations syndicales autorisées n'existe pas. Le groupement provisoire créé par M. Robin, conseiller général, pour le canal de la Charente à la Seudre n'est qu'une association syndicale libre qui ne bénéficie pas des avantages des associations syndicales autorisées. D'autre part encore, il convient d'établir la direction des travaux. La question se pose alors de savoir si les Ingénieurs des Travaux Publics vont diriger ces travaux avec rétribution des Syndicats et les contrôler en tant que fonctionnaires de l'Etat ou bien si les syndicats vont chercher des Directeurs techniques non fonctionnaires ou anciens fonctionnaires.

Enfin dans quelle mesure l'Etat viendra-t-il en aide aux syndicats pour la remise en état des canaux ou rivières canalisées et des écluses qu'il leur abandonne, étant entendu qu'ultérieurement les intéressés en assureront l'entretien ? La situation actuelle est critique, car pour le marais de Brouage par exemple, il suffirait d'une forte marée pour emporter certaines écluses qui sont par trop vétustes.

L'évacuation des eaux est jointe à la protection contre les crues, c'est-à-dire à l'érection et à l'entretien des digues ou levées.

Le bri profond qui est sur place donne les meilleures terres de remblais imperméables ; mais les travaux d'entretien n'en sont pas moins coûteux.

C'est encore une charge importante des Marais.

Culture et élevage. — Au bord de la mer le sol du marais est envahi par des plantes halophiles, chénopodées, salsolées et graminées. Dès que la fréquence des incursions de la mer diminue, la flore se modifie. Au spartina stricta se substitue le poa maritima ou Misotte qui peut se faucher (Villedoux) mais qui le plus souvent est pacagé.

La Misotte constitue un pacage précoce et très appétant.

La flore se modifie progressivement à mesure que la mer cesse de revenir couvrir la surface, ce sont d'abord le pourpier marin, puis, suivant les dénominations locales, la paliasce et le misotis. Quand le marais est resté émergé plusieurs années, le trèfle muguet, le trèfle maritime et les autres herbes des prairies humides.

A l'origine, les concessions de dessèchement n'étaient accordées que sous la condition que les deux tiers de la surface desséchée seraient en terres de culture et un tiers seulement en prairie. Entre mille, et comme type, nous citerons les conditions imposées à François Arrivé, sieur du Sableau, et ses cohéritiers, par messire Elie Chevrault, abbé de la Grâce-Dieu, par la transaction du 8 mai 1651 (1) relative au dessèchement du Marais du Devant et du Marais aux Thores. Les dits Arrivé promettent et s'obligent pour eux et les leurs d'en faire labourer et cultiver bien et dûment par chaque année les deux tiers, et les faire ensemencer de froment, orge,baillarge ou autres grains à leur choix et option, outre bailler et payer le 1/12, l'autre tiers demeurera pour servir de prés et pâturages pour les bestiaux, en outre les dits Arrivé devront payer un sol de cens par journal.

Cette proportion n'a pas été maintenue. Il y a soixante ans, il y avait encore moitié des terres en culture et moitié en prairie. Actuellement dans la partie en culture, il faut compter la moitié en prairies artificielles et l'ensemble

(1) *Archives Historiques de Saintonge et d'Aunis*, t. xxvii, p. 63

dépasse de peu le tiers de la surface totale, les prairies formant les deux tiers.

A l'ancien assolement triennal indiqué par Gautier (1), froment, avoine, jachère ou fèves, l'on a substitué un assolement à longue échéance faisant entrer en rotation les défrichements de luzerne ou de trèfle (dessolis ou rompis de prés). C'est tantôt l'avoine, tantôt le blé qui se placent sur rompis de pré. Les betteraves, l'orge et les fèves forment avec le blé une sole sensiblement égale à celle de l'avoine. Depuis cent ans, la jachère nue a, petit à petit, fait place à des cultures de fourrages annuels ou bisanuels tels que la vesce (garobe) ou le trèfle violet.

Parmi les céréales, seule l'avoine donne de bons rendements, ils oscillent de 30 à 45 hl. à l'hectare et atteignent exceptionnellement 50 à 55 hl.. Les rendements du blé sont beaucoup plus irréguliers, on admet une moyenne de 26 hl. pour toute la région du marais en y comprenant les îlots de groies jurassiques, de Richebonne, de Marans, de l'île d'Elle, de Taugon, de la Ronde ; mais le rendement du marais proprement dit n'est guère que 16 à 20 hl. avec une moyenne de 18 hl. à hectare. L'orge occupe environ le 1/3 de la surface consacrée au blé et donne une moyenne de 20 à 24 hl. à l'hectare, c'est-à-dire un faible rendement.

Une surface assez importante est réservée à la culture des choux fourragers qui constituent pour le bétail le principal aliment vert de l'hiver dans tout le marais de la Sèvre. En bordure du marais de Rochefort, il y a un peu plus de betteraves que de choux fourragers.

Il est très difficile de donner une idée assez exacte du rendement des prairies du marais, car non seulement leur qualité varie d'un marais à l'autre, mais aussi dans un même marais d'une prairie à la voisine. Le rôle principal revient au fond lui-même, à la nature du terrain et aux améliorations dont il a été l'objet. L'ancienneté du dessèchement, l'épandage de bri en surface pour corriger l'acidité et la pauvreté de la tourbe, le bon entretien des fossés ont créé une première catégorie de prairies de marais. Dans une seconde catégorie se rangent les marais desséchés mais irrégulièrement entretenus ; et dans une troisième l'on peut grouper les marais à rouches et les marais tourbeux.

Une évaluation du rendement des marais s'établit d'après le nombre d'animaux qu'ils peuvent entretenir.

---

(1) GAUTIER, *Statistique de la Charente-Inférieure*, 1839.

Les bons marais de la Sèvre, de Muron, de Rochefort permettent l'engraissement d'un bœuf par ha., ou l'entretien d'une poulinière et de son produit ou d'une vache et de son produit.

Les marais de deuxième catégorie ont une herbe moins abondante ou moins nourrissante, parfois ils ne conviennent même pas à l'engraissement, en tout cas il faut compter un hectare un tiers ou un hectare et demi pour l'engraissement d'une tête de bétail ou l'entretien d'une femelle avec son produit.

Pour assurer l'approvisionnement en foin destiné à nourrir les animaux à l'étable l'hiver, une partie des prairies des marais est fauchée. L'on évalue de 3.000 à 3.500 quintaux métriques le rendement en foin des prairies de première catégorie, et de 2.500 à 3.000 quintaux celui des prairies de deuxième catégorie. Le rendement des bosses des marais-gâts est intermédiaire.

La bonne fumure des terres et des prairies influe largement sur les rendements obtenus.

Les quelques résultats d'analyses que nous avons cités montrent pour les marais maritimes une pauvreté relative des sols en acide phosphorique. Aussi les engrais phosphatés resteront-ils le complément primordial. Malgré la teneur suffisante du bri, en calcaire, le chaulage est très généralement recommandable : car même sur les dessèchements anciens en culture, il reste une assez forte proportion d'humus qui maintient aux terres une réaction acide surtout après légumineuses ou dans les prairies.

L'existence d'une ceinture calcaire des marais charentais rend le chaulage facile. Autrefois, la main-d'œuvre étant moins rare, c'est au marnage que l'on avait recours en employant le bri profond (à partir de 3 et 4 m.) dans les parties où il renferme 16 à 18 % de chaux. Son mélange à la tourbe de la surface provoquait une amélioration importante. Ce procédé reste aussi recommandable, mais il est trop coûteux. Il peut être remplacé soit par l'épandage de chaux agricole blutée à la dose de 2.000 kg. à l'ha., comme en fariquent les fours à chaux de Saint-Léonard, à Dompierre, ou bien par l'épandage de 4.000 kg. à l'ha. du calcaire blutté des mêmes usines. Pour ce travail il est possible d'employer des épandeurs mécaniques d'engrais qui permettent d'économiser la main-d'œuvre et de lui éviter un travail pénible.

A priori ce sont les scories de déphosphoration qui sont à la base de l'enrichissement des marais, mais leur prix de revient est tellement grevé par les transports que nous conseillons volontiers l'emploi des phosphates riches, moulus finement, ou encore celui des superphosphates simultané avec des chaulages. Ce sont les doses de 800 à 1.000 kg. à l'hectare qui conviennent le mieux pour rétablir l'équilibre alimentaire des plantes.

Enfin, bien que la richesse en potasse des terres de marais apparaisse comme suffisante, l'apport de sylvinite riche à la dose de 300 kg. à l'hectare ou de 150 kg. de chlorure de potassium ont donné de bons résultats, ce qui a incité les agriculteurs qui ont fait des essais, à en adopter l'emploi régulier.

Pour les terres en culture, l'apport du fumier est nécessaire. La quantité produite pendant les trois mois d'hivernage et le passage à l'étable des vaches en parturition ou en lait est très supérieure aux besoins des terres. En bordure des marais ce fumier fait l'objet d'un commerce, mais en plein marais, et notamment dans le marais de la Sèvre, il est transformé en mottes (bouses) et utilisé pour le chauffage. Les cendres seules sont rendues au sol.

Dans les bonnes cultures du marais, l'on emploie avec raison du sulfate d'ammoniaque et du nitrate de soude comme engrais azotés complémentaires.

Le grand progrès à réaliser réside dans la généralisation du chaulage et l'emploi plus régulier du superphosphate.

Pour tout le marais l'exploitation du bétail reste la principale ressource ; cependant l'élevage du cheval est également ancien.

La rusticité des chevaux et particulièrement de la race locale en facilite l'élevage. Ils peuvent séjourner plus longtemps au marais en hiver que les bovins.

Nous avons peu de données sur l'origine de la race charentaise. Au début du XVIIᵉ siècle, lors de l'entreprise des desséchements par les Hollandais et les Belges, des chevaux flamands furent introduits, et les redevances comprenaient parfois comme dans le marais de Saint-Louis un cheval de race flamande. Des croisements de cette race avec la race autochtone ont servi de base à la création des demi-sang charentais, qui constituaient des carrossiers hors ligne et donnent actuellement d'excellents chevaux de remonte.

Les bovins étaient représentés par la race maraichine.

Pas de documents anciens à ce sujet. Nous avons relevé dans un acte du 21 mai 1807, faisant partie des pièces relatives au domaine de Benon que des vaches sous poil marron avaient pacagé indûment dans le marais du Perrot (commune de Saint-Martin).

La race bovine maraichine était répandue en 1865 ; mais on lui reprochait sa dégénérescence par suite du mauvais choix des reproducteurs.

Nous avons relevé (1) qu'une importation de reproducteurs normands avait eu lieu dans le marais de Villedoux, que les résultats étaient bons, particulièrement au point de vue de la lactation.

Mais la réputation ancienne des marais était due surtout à la production du bétail de boucherie.

Dans un rapport de la Société d'Agriculture en 1764 (2) nous relevons les indications ci-après :

Un bœuf engraissé dans les marais de Villedoux, d'Andilly, de Voutron, de Ciré ou de Breuil-Magné valait de 180 à 200 livres.

Un veau de sept à huit semaines, valait de 30 à 36 livres en hiver et de 20 à 21 livres en été.

Un mouton de grande espèce (Charron ou Marans) valait de 8 à 10 livres.

Un mouton de groies valait de 6 à 7 livres.

Plus tard, lors de l'enquête de 1872, nous retrouvons maintes fois l'indication du débouché des bœufs du marais sur Paris où ils étaient recherchés.

L'exploitation du mouton diminue de plus en plus faute de bergers, et à cause de la douve.

Depuis une soixantaine d'années, la mode des croisements a sévi sur le troupeau charentais. Dans les régions produisant les bœufs de boucherie l'on s'est lancé dans les croisements Durham, les croisements Nivernais ou l'élevage de ces races pures. La population maraichine a partiellement disparu et a été remplacée par des bovins choisis bien membrés et bien en chair.

Mais l'importance prise par l'exploitation laitière a conduit à de nouveaux croisements avec la race normande.

Aussi, tandis que dans les marais de Marennes et de

----

(1) *Enquête agricole de 1872*, p. 384.
(2) *Archives départementales, série C, 198, mémoire n° 7.*

Brouage l'on voit encore dominer la maraichîne, c'est la race normande qui actuellement est la plus répandue, voisinant vers Rochefort et vers Marans avec des croisements Durham ou Nivernais.

Ces races importées, et leurs croisements ont moins de rusticité que l'ancienne race maraîchine, cependant elles supportent assez bien la vie au marais.

Au début de la mise au pacage, en février ou mars, les animaux qui viennent de passer l'hiver dans des étables où souvent ils étaient très serrés, souffrent surtout si les premières journées sont trop pluvieuses ou trop froides. Après quinze jours ou trois semaines l'acclimatement est complet, les animaux ont pris un poil long et rude qui les préserve mieux des intempéries. L'herbe tendre les purge et en mai ils ont de nouveau le poil luisant et sont bien en chair.

Si l'été est sec et chaud, ils souffrent de nouveau au pâturage, si l'eau n'est pas renouvellée, et ont besoin des pacages de la fin de l'automne pour se remettre en état.

La production laitière est variable suivant les races, les conditions d'alimentation et les animaux ; mais on compte en moyenne 2.000 à 2.500 litres de lait par vache et par an livrés à la vente et en plus la nourriture d'un veau pendant trois semaines. Les bonnes vaches laitières donnent 3.000 litres à la vente.

Telle est dans son ensemble l'agrologie des marais. Ils sont trop divers pour que les notes qui précèdent puissent être autre chose qu'un aperçu général nous permettant de mesurer toute l'importance des questions économiques qui s'y rattachent.

CHAPITRE III.

Situation économique

Règlements. — Un des premiers facteurs qui conditionnent la situation économique des marais est celui de leur administration.

En principe le Marais était au Roi comme sont encore à l'Etat les lais de mer et les côtes ; cependant même en remontant au X° siècle, l'on trouve l'emprise des ducs d'Aquitaine ou de leurs vassaux sur tout le Marais Charentais.

L'aperçu historique que nous avons donné a montré qu'à l'origine des dessèchements ce sont les contrats individuels qui ont réglé les droits et devoirs de chacun. Puis lors de l'exécution des grands canaux, ce sont des tractations qui sont intervenues entre abbés ou seigneurs avec ou sans la participation des représentants de la royauté.

Il s'en suivait une telle incohérence, un tel désordre, surtout pour une matière en laquelle les intérêts immédiats étaient souvent opposés que la nécessité d'établir des réglements s'imposa.

Les sénéchaux d'Aunis et de Saintonge groupèrent en associations les propriétaires de quelques marais et, tout en respectant les conventions déjà acceptées pour l'exécution en commun de certains travaux d'entretien, firent adopter des mesures générales. En application des édits d'Henri IV, furent établis en 1634-1635 les réglements du Petit-Poitou qui sont restés encore ceux qui régissent les vieilles associations de marais du sud de la Sèvre.

Ces réglements étaient caractérisés par la limitation du droit de vote en faveur des propriétaires possédant une certaine surface de marais, variable suivant les cas, et par la composition de la majorité. Les décisions prises par une majorité composée des propriétaires intéressés possédant ensemble les deux tiers de la surface étaient exécutoires et rendaient obligatoires pour la minorité la participation à l'exécution et aux dépenses des travaux envisagés.

Pendant la Révolution le principe de l'égalité des droits de tous les intéressés fut appliqué sans actes légaux. La tourmente passée, la loi du 16 septembre 1807 resta le seul moyen d'action des syndicats ou des associations et de l'administration agissant au nom de la salubrité publique pour prescrire des travaux. Mais cette loi avait confirmé l'égalité des droits et exigeait l'unanimité des votants pour que des dépenses puissent être engagées, des travaux décidés et les impositions correspondantes ordonnées.

Un réglement spécial, dit Réglement général des marais de l'arrondissement de Marennes, homologué par Ordonnance royale du 29 septembre 1824, avait supprimé tous les usages locaux antérieurs et posé le principe de la création de syndicats gérés par une commission administrative.

Pour avoir droit de vote, un propriétaire doit posséder une certaine surface, appelée quotité du marais. La Commission administrative est composée de dix membres élus et de deux membres de droit pour les marais au dessous de cent hectares ; de douze membres élus et de trois membres de droit pour les marais d'une contenance de cent à trois cents hectares, etc... Les membres de droit sont ceux qui possèdent à eux seuls plus du dixième du marais. Enfin plusieurs petits propriétaires ne possédant pas individuellement la quotité peuvent se grouper de manière à la posséder ensemble et désigner un représentant à la commission.

Aucun propriétaire ne peut disposer de plus d'une voix.

Le syndicat est dirigé par un Syndic.

Une des caractéristiques de ce réglement est l'établissement de Grands Syndicats, ayant à leur tête un Directeur qui exerce sur les sociétés ou petits syndicats de leur rayon une surveillance spéciale et d'ordre général.

Cette organisation qui fonctionne encore dans l'arrondissement de Marennes constituait un grand progrès sur la loi de 1807. Mais il ne s'agissait là que d'un réglement local que les syndicats de marais du bassin de la Sèvre et de Rochefort ont généralement refusé d'accepter. Exception doit être signalée pour le Syndicat de Nuaillé dont les travaux ont été décidés et établis d'après le réglement de 1824.

Pour l'organisation syndicale de la Basse Seugne en 1839, en vue d'exécuter les travaux d'assèchement, régie par la loi de 1807, il a suffi d'une faible minorité pour que la décision du Conseil d'Etat relative à l'exécution des travaux ne puisse être rendue obligatoire. Et l'association a été arrêtée dans son travail.

C'est afin d'empêcher de pareils faits contraires à l'intérêt général que la législation fut complétée par la loi du 21 juin 1865, sur les associations syndicales libres et autorisées.

L'article 5 prévoit la constitution d'associations syndicales libres se formant sans l'intervention de l'Administration quand le consentement unanime des intéressés a été donné par écrit.

L'article 9 établit que les propriétaires de marais peuvent être réunis par arrêté préfectoral, et l'article 12 précise que si la majorité des intéressés, représentant au moins les deux tiers de la superficie des terrains ou les deux tiers des intéressés représentant plus de la moitié de la superficie, ont donné leur adhésion, l'association est autorisée

par le Préfet. Enfin, l'article 20 prévoit que l'acte consti-
tutif de chaque association fixe le minimum, d'intérêt qui
donne droit à chaque propriétaire de faire partie de l'association. Les propriétaires de parcelles inférieures peuvent
se grouper et se faire représenter.

Bien des syndicats ou associations de marais ont pré-
féré garder leurs anciens réglements ; d'autres restent
régis par le réglement de 1824. Les plus récents sont constitués d'après la loi de 1865.

Les Syndics, les Présidents ou les Directeurs adminis-
trent les marais de leur groupement, d'après les décisions
des commissions administratives et des assemblées générales. Ils font notamment exécuter les travaux reconnus
necessaires.

Nous avons indiqué que le réglement de 1824, prévoit la
constitution de Grands Syndicats qui, dans l'arrondissement
de Marennes, groupent sous leur autorité les petits syndicats
existant dans leur zone d'action. Ces grands syndicats
constituaient une amélioration importante, en permettant
une meilleure compréhension des intérêts généraux. La loi
de 1865 pas plus d'ailleurs que celle de 1901 n'ont prévu
sous forme d'associations autorisées la constitution de Fédérations de Syndicats ou d'associations syndicales. C'est là
une lacune regrettable, qu'il importe de combler.

De tous temps des dualités d'intérêts ou des rivalités ont
empêché d'exécuter des travaux d'assainissement ou d'entretien lorsque plusieurs groupements devaient y participer.
Dans le court aperçu historique que nous avons donné, il est
facile de relever à maintes reprises que l'autorité administrative a dû intervenir pour assurer l'exécution de travaux
nécessaires.

Un mémoire de la Société d'Agriculture (1) du 12 septembre 1870 signale l'insuffisance des réglements généraux
« Les tribunaux n'ont pas de principes sur la question de
recevoir les eaux supérieures des terrains non desséchés
lorsque les propriétaires voisins ont refusé d'y participer.
De même la jurisprudence est en faveur des propriétaires
des eaux extérieures, tandis que les défricheurs devraient
être certains de leurs droits. »

Lors de l'enquête de 1872, M. Aymon Morin, propriétaire
à Andilly, fait ressortir que les syndicats de marais ont

____

(1) *Archives départementales*, série C, 198, n° 6.

chacun des administrations spéciales et sans lien. Il en résulte des rivalités et des conflits. Il faudrait, dit-il, dans chaque contrée une direction générale des syndicats.

La même situation subsiste. Récemment sur l'initiative de M. Robin, Conseiller Général, Directeur du Marais de Saint-Jean-d'Angle, une Fédération de Syndicats s'est constituée sous la forme d'Association syndicale libre (loi de 1865) ; mais son statut légal est incertain. Une solution s'impose.

C'est le même vœu que notre collègue M. Gabriel Rousseau développe dans un rapport spécial, tendant à la constitution légale d'associations syndicales groupant plusieurs syndicats ou associations syndicales ou municipalités ou même quelques propriétaires séparés en vue de l'exécution passagère ou permanente de travaux spéciaux.

Le vote d'une loi fixant le statut légal de ces organisations devrait être pour le législateur l'occasion de donner de l'unité aux réglements actuellement en vigueur, en prenant à chacun le meilleur et en établissant, comme cela avait été fait en 1824, un lien entre les syndicats locaux, les associations syndicales, les grands syndicats et les associations plus anciennes.

Valeur et revenu des marais. — De 1830 à 1866, la valeur des terres de marais a augmenté de près du tiers et parfois de moitié. L'enquête agricole de 1872, nous fournit à ce sujet de précieux renseignements.

Pour la région de Rochefort, Tonnay-Charente, Saint-Laurent de la Prée (1), la valeur des prairies a atteint 3.400 fr. l'ha. et celle des terres labourables 2.000 fr. l'ha. Les prairies sont affermées 100 fr. l'ha., soit une augmentation de 1/3 depuis 1830. La valeur moyenne du fermage est passée de 20 à 28 fr. le journal.

Il s'agit de prairies de bonne qualité pouvant engraisser un bœuf à l'hectare.

L'exploitation des fermes était assez facile et l'on estimait pouvoir cultiver une ferme de 100 ha. avec six domestiques (2).

Pendant cette même période (3) la valeur des marais salants avait baissé des deux tiers. Ils valaient autrefois (1830),

---

(1) *Enquête de 1872*, p. 237 et suivantes.
(2) *Enquête de 1872*, p. 259 et suivantes.
(3) *Enquête de 1872*, p. 248 et suivantes.

2.000 fr. la livre de 66 ares et, vers 1865, l'on trouvait à peine à les vendre 600 fr. la livre.

Dans la région de la Tremblade et en bordure de la Gironde (1) même situation. L'on estimait même un accroissement de valeur du double. Il faut reconnaître que pendant cette période de nombreuses transformations de marais salants en marais-gâts ont été faites, de même que des aménagements de lais de mer.

Le prix de fermage était de 80 à 120 fr. l'ha., pour des prairies affermées antérieurement 50 à 55 fr.. Les marais-gâts valaient 2.400 fr. l'ha., tandis que les marais salants ne valaient guère que 600 fr. la livre (66 ares).

Il est bon de noter qu'à cette époque l'on évaluait de 24 à 30 quintaux métriques de foin le rendement à l'hectare des bonnes prairies et les prix du foin et de la paille étaient :

1856 — valeur du quintal de foin 7 fr. 50 — de paille 3 fr. 00
1860 —   d°   5 fr. 00   d°   2 fr. 00
1865 —   d°   3 fr. 60   d°   2 fr. 00

Avant guerre, vers 1914, la valeur des marais était restée stationnaire, ayant plutôt une tendance à la baisse. Les fermages sur la base de 70 fr. l'hectare étaient fréquents, et le prix s'abaissait pour les grandes fermes. Il était plus élevé pour les parcelles de première qualité de situation particulièrement favorables.

Le bouleversement économique produit par la guerre a eu des répercusions profondes dans la région des marais.

Les baux à fermes d'avant guerre ayant été maintenus avec leurs prix tandis que les charges des propriétaires tant par les impôts que par le prix de la vie, augmentaient avec un coefficient de 3 à 5, la situation de ces derniers est devenue précaire quand ils n'avaient pas par ailleurs d'importantes ressources.

Par contre le cheptel possédé par le fermier a acquis une valeur triple ou quadruple et le prix de vente des récoltes s'est accru dans les mêmes proportions, suivant de loin d'ailleurs la hausse générale des objets manufacturés et des machines qui avaient atteint le coefficient dix.

Tandis que le propriétaire ne pouvait plus vivre de son revenu, le fermier, rien que par la plus-value de son cheptel, gagnait près de la moitié de la valeur du sol. Aussi, un courant important de mutations s'est-il établi de 1917 à 1922. Postérieurement la baisse du franc a accentué ce mouvement.

____

(1) *Enquête de 1872*, p. 261 et suivantes.

Dans les marais de la Sèvre, de Rochefort, de Muron, de Ciré, de Voutron, de Marennes et de Brouage, la valeur vénale des marais oscille de 5 à 8.000 fr. l'hectare, et la valeur locative de 300 à 500 fr. Elles sont plus faibles pour les marais de la Boutonne, de la Seudre, de l'île d'Oléron et de la Gironde. On peut les évaluer de 3 à 6.000 fr. l'hectare comme valeur vénale correspondant à une valeur locative de 200 à 350 fr. l'hectare.

Signalons en passant que l'exploitation d'un marais qui nourrit une tête à l'hectare nécessite un cheptel vif de 3.000 à 3.500 fr. l'hectare et un cheptel mort, de plusieurs centaines de francs, valant ensemble la moitié du sol.

Mais là n'est pas l'écueil à la prospérité du pays. C'est le manque de main-d'œuvre pour une meilleure culture des terres et surtout pour l'exécution des travaux d'entretien des canaux et fossés qui devient la pierre d'achoppement.

De plus en plus la machinerie se développe. Nombreuses sont les fermes des marais possédant des moteurs à explosion ou électrique pour l'élévation de l'eau, la préparation des aliments du bétail, la traite mécanique. Les tracteurs, les machines de culture et de récolte, les épandeurs d'engrais sont généralisés.

Reste encore à réaliser mécaniquement le faucardage et le curage des fossés et des canaux. C'est le progrès attendu, qui correspond, comme nous l'avons déjà dit, à un besoin urgent et important, et dont seule la réalisation permettra d'envisager avec confiance l'avenir du marais.

La présentation de quelques bilans de culture nous entrainerait trop loin. Elle ferait ressortir que des charges considérables pèsent sur les propriétaires et les exploitants du marais, du fait des droits de mutation qui se renouvellent environ tous les vingt-cinq ans, des impôts et des taxes syndicales ; l'entretien des fossés particuliers et des chemins viennent en plus grever lourdement l'exploitation des marais, déjà chargé de frais culturaux.

Seul un parfait entretien des canaux, des fossés et des chemins, permettant d'obtenir le maximum de rendement pendant une période de vente du bétail et du lait à un prix rémunérateur peut rendre prospère l'exploitation du marais. Mais si pour des causes diverses l'entretien des canaux est négligé, que les rendements baissent et que surtout une crise de mévente du bétail comme celle qui sévit depuis près d'un an, survient et s'accentue, la situation économique change complétement.

C'est la gène, c'est la pauvreté, c'est la ruine. Car pour l'exploitation des marais plus peut-être que pour les autres branches de l'agriculture, l'incidence des conditions de l'élevage et de la vente du bétail a de graves répercussions.

Nous avons montré les efforts qu'ont fait les gouvernements et les possesseurs du sol pendant huit à dix siècles pour conquérir le Marais, et les résultats féconds obtenus. Nous avons fait remarquer les conséquences des vicissitudes subies par la Nation sur la vitalité du Marais. Nous avons fait ressortir le rôle prépondérant joué par l'association, le syndicat, sous la tutelle bienveillante de l'Etat ou de ses représentants. De l'étude agrologique il ressort que s'il est entretenu sain et s'il est amendé, le Marais peut donner un revenu régulier et suffisant. Enfin nous venons d'exposer sa situation économique générale.

De tout cela une série de conclusions s'imposent. Elles corroborent les désidérata que les présidents ou les directeurs de syndicats nous ont exposés dans l'enquête à laquelle nous avons récemment procédé et que nous allons présenter en les classant et les résumant.

DÉSIDÉRATA PRÉSENTÉS PAR LES SYNDICATS ET VŒUX

Une centaine de Syndicats de Marais ont répondu au questionnaire que nous leur avions adressé, les désiderata qu'ils expriment sont souvent relatifs à des cas spéciaux qu'il nous est impossible de reproduire ici. La plupart formulent des demandes d'ordre général que nous présenterons sous forme de conclusion de notre rapport et demanderons à l'assemblée d'approuver en adoptant la résolution et les vœux suivants :

Résolution. — Considérant que la rareté et la cherté de la main-d'œuvre rendent presque impossible le bon entretien des canaux, écours et fossés, et que seuls des moyens mécaniques paraissent pouvoir apporter un paliatif à cette situation ;

Que la constitution d'une Commission spéciale en vue de rechercher et d'expérimenter les moyens mécaniques de curage et de faucardage des canaux et des fossés permettra d'étudier méthodiquement le problème ;

Qu'en raison de l'intérêt que les Chemins de fer de l'Etat

portent à cette question de l'aménagement des marais, intérêt qu'ils ont d'ailleurs manifesté à ce Congrès en accordant des facilités exceptionnelles ;

Le Congrès décide :

a) de former une Commission d'étude ;

b) qu'il soit instamment demandé aux Chemins de fer de l'Etat :

1°. — d'accepter de faire partie de cette Commission ;

2°. — de prendre l'initiative et les charges de l'organisation de démonstrations à faire à Rochefort-sur-Mer à l'occasion du Concours-Foire qui se tiendra au printemps 1929 ;

3°. — de faciliter dans toute la mesure du possible l'étude des moyens mis en œuvre tant en France qu'à l'étranger (les Baux, Hollande, Italie) si l'opportunité en apparaissait ;

4°. — d'organiser d'accord avec la Commission un nouveau Congrès des Marais pour y discuter les résultats de ces manifestations, et y prendre les décisions que comportera la situation ainsi éclairée.

Premier vœu. — La section charentaise faisant siens les vœux précédemment émis par les Grands Syndicats de Marennes,

Emet le vœu :

Que l'Administration compétente recherche les moyens pour qu'une partie de la taxe vicinale soit régulièrement versée aux Syndicats de Marais, au prorata de leur superficie et des taxes vicinales payées par leurs propriétaires, afin de leur permettre d'entretenir et d'améliorer les chemins d'accès et d'exploitation des marais.

Deuxième vœu. — Considérant qu'un grand nombre de marais ont subi depuis les derniers nivellements et l'exécution des travaux d'art un affaissement qui dépasse le plus souvent 0 m. 50 et de ce fait empêche l'écoulement normal des eaux ;

Le Congrès émet le vœu :

Que le Service des Travaux Publics soit tenu de procéder à la révision du nivellement des marais des Syndicats qui en feront la demande.

Troisième vœu. — Considérant que la législation actuelle est préjudiciable à la prospérité du Marais, en tant qu'elle laisse entièrement à sa charge la création, l'agrandissement et l'entretien des canaux d'évacuation des eaux extérieures ;

Le Congrès émet le vœu :

Que la législation soit modifiée ou que des réglements spéciaux soient établis, rendant obligatoire la participation des propriétaires des communes qui dominent et entourent le Marais aux travaux d'entretien des canaux de ceinture ou d'évacuation des eaux supérieures ; et que soit décidé le principe d'une subvention de l'Etat pour les travaux de réfection ou d'agrandissement de ces canaux.

Quatrième vœu. — La section Charentaise se faisant le porte-parole des Syndicats tributaires de la Boutonne, du canal de Charras et du canal de la Charente à la Seudre et au Havre de Brouage ;

Signalant l'état lamentable dans lequel se trouvent ces canaux et les écluses par suite de leur complet abandon depuis deux ans et de leur déclassement ;

Etant donné qu'il en résulte un risque d'invasion par les eaux de mer aux grandes marées et l'impossibilité d'irriguer ;

Renouvelant les demandes faites antérieurement par les Grands Syndicats de Marennes et les riverains de la Boutonne et du canal de Charras auprès des pouvoirs publics ;

Emet le vœu :

1°. — Que les Ministères des Travaux Publics et de l'Agriculture mettent à la disposition des Syndicats les crédits indispensables à la remise en état des canaux de la Charente à la Seudre et au Havre de Brouage, de Charras et de la Boutonne.

2°. — Qu'un statut légal des Fédérations d'Associations syndicales autorisées soit établi de manière à permettre à ces Fédérations d'assurer à l'avenir l'entretien des canaux ou rivières déclassés.

Cinquième vœu. — Considérant qu'à tort ou à raison, un certain nombre de propritéaires alléguant le manque de main-d'œuvre n'ont pas entretenu les fossés de leurs marais ;

Le Congrès émet le vœu :

Que l'entretien par les particuliers de leurs fossés courants soit rendu obligatoire par décision de la Commission syndicale de chaque marais, comme cela existe dans le réglement Le Terme, article 80.

Sixième vœu. — Considérant que les évaluations des

revenus cadastraux ne tiennent pas un compte suffisant des modifications survenues ;

Le Congrès émet le vœu :

Qu'un reclassement des revenus cadastraux soit opéré, notamment dans les anciens marais salants.

Les Syndicats de Curage de Cours d'Eau
et d'assainissement de terrains
dans la Département de la Vienne

Par M. RASCOL

Ingénieur en Chef des Ponts et Chaussées à Poitiers

Sur plusieurs points du département de la Vienne et surtout dans la partie Nord-Ouest (arrond. de Loudun et de Poitiers), les cours d'eau à faible pente sont sujets à des envasements et à l'exhaussement de leur lit, et sont, pour les terrains plats qui les bordent sur d'assez vastes étendues, une cause de dommages considérables, en temps de crue surtout.

La vitesse réduite des eaux, leur manque de profondeur, les vases qui constituent le fond du lit, provoquent au printemps et en été la pousse d'herbes aquatiques et par manque de faucardement régulier ou d'entretien général, les pluies de l'année sont parfois causes de dommages importants. Lors des crues, les débordements sont fréquents dans ces terrains plats, tourbeux, marécageux ou argileux des rives, où les eaux cherchent un écoulement à travers les divers canaux creusés de main d'homme depuis longtemps jusqu'à la rivière naturelle, laquelle généralement envasée ne peut suffire à écouler les eaux de crue sans un entretien permanent.

Si on ajoute que les rivières ont souvent été dérivées à flanc de coteau pour créer des chutes, que les canaux artificiels ainsi créés, avec leurs barrages de retenue, leurs appareils de décharge souvent insuffisants, leur section limitée et leur pente réduite artificiellement pour réaliser la chute, se sont souvent substitués aux cours d'eau naturels du fond de la vallée, on peut juger de la manière dont peuvent s'écouler les eaux de crues ou même de fortes pluies par des canaux artificiels insuffisants ou des cours d'eau naturels d'entretien négligé, parfois disparus ou réduits à des sections minimes, gênés par des accrues ou l'envahisement des herbes et plantations, le tout dans des terrains tourbeux, argileux, quasi imperméables, exceptionnellement pénétrables dans le calcaire par des sources résurgentes en certains points.

De tout temps, cette situation a préoccupé les populations d'agriculteurs de la région, victimes des inondations, avec pertes fréquentes de récoltes et envahissement des terres saines par les eaux permanentes qui les transfoment en marais quasi sans valeur.

A l'Ouest de la ligne Mirebeau-Loudun, limitée au Nord par les collines du Loudunais qui s'abaissent vers Pas-de-Jeu pour laisser une trouée de passage, et par les collines de Marnes-Saint-Jouin-Terzé, coulent les diverses Dives, grossies de la Briande venant de Saint-Cassien-Angliers et Guesnes. C'est particulièrement dans la région basse de Moncontour à Pas-de-Jeu que, dans la Vienne, les Dives prennent leur caractère nuisible.

Deux Syndicats : celui de la Dive et de la Briande fondé dès 1864 dans les deux départements Vienne et Deux-Sèvres, et celui des Dives de Moncontour à l'amont du premier, formé dès 1912, portent leur action, le premier sur 1.600 ha. avec plus de 20 kilomètres de cours d'eau, le deuxième sur 103 ha. avec 6 kilomètres de cours d'eau.

Leur activité gênée par la guerre paraît se réveiller devant l'envahissement des marais, la perte grandissante des terres saines et les conséquences désastreuses d'inondations récentes dues à des années exceptionnellement pluvieuses. Les travaux envisagés consistent dans des dévasements, la remise des cours d'eau à une section suffisante, la reconstitution des levées, leur entretien et l'agrandissement des passages trop étroits au droit d'ouvrages d'art pour l'écoulement des eaux de crues.

Dans la même région et à l'amont du Syndicat des Dives de Moncontour, dont le Prepson est un affluent venu des pentes Sud-Ouest de Mirebeau, le Syndicat du Prepson exerce son activité depuis 1912 sur 9 ha. et recherche le même but d'un écoulement normal des eaux.

Plus récemment constitué par arrêté du 26 juillet 1922, le Syndicat de la Palu (Association autorisée) exerce son action sur la rivière la Palu, de 26 km environ de longueur, affluent du Clain coulant dans la région Sud de Mirebeau. Cette association réunit 1300 propriétaires de 705 ha. de terrains et a pour but l'assainissement des terrains de la vallée qui s'étend de Noiron-Blaslay au Clain par Chéneché-Vendeuvre-Chincé.

Cette association est encore dans la période des travaux, qui sont achevés dans leur gros œuvre de curage de la rivière et de ses bras, mais comportent encore, tant pour les ouvrages d'art que pour le curage des bras secondaires, des parachèvements nécessaires et importants.

Les résultats obtenus semblent considérables et doivent permettre de préserver dorénavant d'inondations désastreusec pour les récoltes toutes les terres d'humus sur sous-sol tourbeux où le rendement annuel en cultures maraîchères passe facilement de 0 à 3000 fr. l'hectare.

L'influence des travaux doit s'étendre sur tout le périmètre de l'association et les 700 ha. agrégés ont été plus ou moins complétement assainis, pour une dépense de 400.000 fr. environ, soit 600 fr. par ha. aux prix actuels. Le gain de l'opération est considérable, surtout si, par les travaux de parachèvement appropriés, on donne au curage toute son efficacité, agrandissement d'ouvrages d'art, relèvement de berges, curages secondaires et amélioration du débit de hautes eaux au droit des moulins conservés.

La dépense pour un cours d'eau de 4 à 6 ou 7 m. de largeur en moyenne de 1 mètre par kilomètre, moindre dans certains points, s'est élevée à 6 fr. environ par mètre courant de rive pour un cube moyen de déblais de 2 mètres cubes par mètre courant de cours d'eau. La rivière et ses affluents ou bras dans la partie curée ont 32 km environ de développement.

Il faut mentionner encore le Syndicat du Clain qui exerce son activité sur la rivière et ses dérivations dans la traverse de Poitiers, et enfin un syndicat récemment formé pour le curage de la rivière Le Martiel aux environs de Loudun (Loudun, Véniers) et qui va entrer dans la période d'activité par des travaux en projet.

Bien d'autres points sur la Briande, Le Martiel et d'autres rivières justifieraient une action de curage puissante et ordonnée. Devant la pression des circonstances et des dommages constatés s'aggravant tous les ans, les propriétaires semblent demander une action plus énergique.

En de nombreux points, les curages et faucardements périodiques sont demandés et ordonnés.

Le plus souvent les mesures locales suffisent et sont obtenues par l'action de l'Administration qui s'exerce contre les résistances locales intéressées ou simplement l'inertie ; mais l'action à larges vues et à portée générale comme la lutte contre les envasements lents des grands cours d'eau, dont l'effet se traduit par des catastrophes et des pertes considé-rables en année pluvieuse, ne peut s'organiser que des asso-ciations puissantes ou une action énergique et soutenue de l'Administration. Les Syndicats eux-mêmes, souvent créés sous la pression des circonstances, retombent assez vite dans l'inertie créée par la divergence d'intérêts particuliers ou le retour à l'égoïsme individuel. Les moyens de coercition ne manquent pas en théorie, mais leur mise en pratique soulève des difficultés. Au moment du concours pécuniaire, qu'il pourrait faire plus large peut-être, l'Etat devrait exiger des engagements et des garanties pour la continuité et la per-manence de l'œuvre. Lui seul peut avoir des vues générales et dégagées d'intérêt particulier.

Et en conclusion, tous les syndicats, créés dans un intérêt général que les circonstances se chargent parfois de rappe-ler, doivent avoir une vie permanente. Si cette vie est parfois ralentie, elle doit toujours être en éveil. Les intéressés ne doivent pas oublier la menace d'envahissement par les eaux qui pèse sur leurs propriétés, quand après un curage impor-tant le danger est écarté momentanément.

Des ressources permanentes doivent être créées en rapport avec les charges annuelles, assez larges pour faire face aux besoins normaux annuels et pour constituer une réserve en cas d'accidents ou d'événements anormaux.

Une surveillance active des envasements et de l'état des berges, l'application de la méthode du point à temps à l'enlè-vement des apports ou à l'entretien des levées sont particu-lièrement à recommander, car il ne faut pas oublier que dans ce domaine le mal s'aggrave, rapidement même, par le seul effet d'un défaut antérieur.

En outre, il faut pouvoir faire face aux cas imprévus, inon-dations exceptionnelles, dont il est peut-être possible de pré-voir et de limiter ou localiser les effets destructeurs.

Le budget doit être réglé d'après ces chefs de dépense et les recettes doivent être assez larges pour faire face aux dépenses normales et aux dépenses exceptionnelles, les char-ges de grands travaux envisagées lors de la création du syn-dicat ayant leurs ressources correspondantes propres.

C'est par un effort permanent que l'association syndicale remplit son rôle et les ressources budgétaires doivent être données au Syndicat, dont celui-ci use d'ailleurs avec un esprit de judicieuse économie, mais on ne doit pas craindre une imposition suffisante pour faire face aux charges : car seul l'entretien annuel en état, la constance de l'effort donnent au riverain l'assurance que son travail et la récolte ne sera pas détruite par une inondation intempestive due au mauvais état d'entretien. Dans la mesure du possible et des prévisions et sauf circonstance exceptionnelle, le syndiqué est, garanti par la vigilance du Syndicat et il serait désirable quel l'Administration fît de cet effort annuel permanent une des conditions de sa subvention lors des travaux exceptionnels qui d'ordinaire suivent la création d'un syndicat.

RENSEIGNEMENTS
SUR LES ASSOCIATIONS SYNDICALES

Annexés au Rapport de M. l'Ingénieur en Chef RASCOL

Syndicat de la Dive et de la Briande. — Créé en 1864 (Décret du 24 septembre 1864, modifié par celui du 29 mars 1912). — Propriétaires de terrains : 1336. — Propriétaires d'usines : 8. — Surface 1.600 ha. — Taxes syndicales : 3 catégories pour les terrains : 7 fr. 65, 5 fr 10, 2 fr. 55 par ha. — Usines 2 fr. 55 avec un coefficient variable.

Budget en 1913 : 10.580 fr., en 1927 : 10.580 fr.

Subventions de l'Etat pour remise en état des cours d'eau, de 1892 à 1912 : 1/3 de la dépense (la totalité en 1912). — Utilisation des prisonniers de guerre en 1915.

Syndicat du Clain. — Commune de Poitiers, créé en 1864 (Décret du 16 mars 1864). — Propriétaires de terrains : 420. — Propriétaires d'usines : 6. — Surface 45 ha.. — Taxes syndicales : à l'étude (Syndicat en voie de réorganisations). — Subvention de l'Etat pour travaux en 1923 : 1/8 de la dépense.

Syndicat des Dives de Moncontour. — Commune de Moncontour. — Créé en 1912 (Arrêté préfectoral du 21 février 1912). — Propriétaires de terrains : 335. — Propriétaires d'usines : 6. — Surfaces : 102 ha. — Taxes syndicales : 3 catégories : 18 fr., 12 fr., 6 fr., par ha. — Usines 80 fr. et 400 fr.

Budget 1913 : 1149 fr. 54 ; 1927 : 1149 fr. 54 ; 1928 :

2276 fr. 00 ; Subvention en 1913 : 3/5 de la dépense des travaux.

Syndicat du Prepson. — Commune de Saint-Jean-de-Sauve. — Créé par décret du 22 mai 1912. — (Commission exécutive). — Propriétaires de terrains : 65. — Propriétaires d'usines : 1. — Surface : 9 ha.. — Taxes syndicales des terrains : 3 catégories : 100 fr. (fixe, commune), 26 fr. et 57 fr. l'ha. — Usine : 480 fr. — Budget 1913 : 930 fr. 98 ; 1927 : 930 fr. 98. — Subvention en 1922 : 1/3 de la dépense des travaux.

Syndicat de la Palu. — Créé par un arrêté préfectoral du 26 juillet 1922. — Propriétaires de terrains : 1300. — Propriétaires d'usines : 8. — Surface 705 ha. — Taxes syndicales : 50 fr. par ha. — Usines : 110 fr. par usine. — Budget 1927 : 46257 ; Subvention en 1925 : 1/3 de la dépense des travaux.

Syndicat du Martiel. — Créé par arrêté préfectoral du 7 octobre 1926. — Propriétaires de terrains : 90. — Propriétaires d'usines : 6 ; — Surface 61 ha. — Taxes syndicales (à l'étude). — Budget 1927 : „ ; Subvention en 1928 : 1/3 de la dépense prévue pour les travaux.

Les Marais du Canton d'Aigre (Charente)

Par M. C. PRIOTON
Directeur des Services Agricoles de la Charente

Les marais de la région d'Aigre, qui s'étendent sur les communes des Gours, Saint-Fraigne, Oradour, Aigre, Villejésus et Fouqueure, se trouvent en bordure ou à peu de distance de divers ruisseaux qui convergent tous vers la rivière de l'Houme, qui se jette dans la Charente en amont d'Ambérac.

La plus grande partie de ces marais est occupée par des friches, couvertes de plantes marécageuses (carex, joncs, roseaux, etc...) appelées rouches, d'où le nom de *rouchères* donné à ces terres incultes par les habitants du pays. On y rencontre aussi de mauvaises prairies naturelles et des tourbières en assez grand nombre.

En aval de l'Houme, à partir de Germeville, gros village de la commune d'Oradour, et jusqu'à la Charente, les terres plus ou moins assainies sont couvertes d'assez bonnes prairies, ou livrées à la culture des pommes de terre, oignons, etc..., mais, en amont de ce point, tant sur l'Houme que sur les autres ruisseaux, la partie inculte du marais occupe une superficie d'environ 2.000 hectares.

Cette région, que nous connaissions du reste depuis longtemps, a été par nos soins parcourue à nouveau à la demande du Ministère de l'Agriculture ; et en compagnie de M. Pénigaud, Professeur d'agriculture de l'arrondissement de Ruffec, et de M. Moreau, agent-voyer cantonal à Aigre, il a été procédé en divers endroits au prélèvement de nombreux échantillons de terres (sol et sous-sol), qui ont été soumis à la Station agronomique de Bordeaux pour en faire l'analyse complète, physique et chimique, afin d'en apprécier la valeur au point de vue agricole.

Lors du prélèvement des échantillons de terres, il a été possible d'observer diverses tranchées ou fossés pratiqués un peu partout et de constater en maints endroits l'existence des couches de tourbe alternant avec des dépôts d'alluvions calcaires désignés sous le nom de *bouchaud* dans la contrée.

Des chiffres donnés par l'analyse d'une vingtaine d'échantillons prélevés, il résulte que ces terres sont toutes à réaction alcaline, conséquence de leur teneur élevée en calcaire et malgré la présence d'une très grande quantité de matières organiques.

Les diverses analyses exécutées à la Station agronomique de la 'Gironde montrent tout d'abord qu'en dehors des échantillons prélevés en plein dans les matières végétales en décomposition, c'est-à-dire dans la tourbe même, le sol et le sous-sol sont quand même très riches en matières organiques ainsi qu'en chaux, la roche calcaire ou les alluvions calcaires constituant l'assise de ces marais ; par contre, la silice et l'argile s'y trouvent en très faible quantité.

Quant aux éléments de fertilité, l'azote abonde partout, surtout dans la tourbe, avec des variations très grandes cependant suivant les endroits où les prélèvements ont été opérés ; c'est ainsi que, sur deux points, l'analyse a dévoilé une richesse très élevée en azote, allant de 20 à 35 pour 1000, ce qui est considérable, alors qu'ailleurs cette teneur n'est plus que de 2, 3, 4, 5, exceptionnellement 7, 8, 10, 14 pour 1000, chiffres élevés, mais ne s'éloignant pas trop de la richesse en azote des très bons terrains.

Les parties tourbeuses pourraient donc être utilisées avec avantage comme engrais organiques au même titre que bien d'autres qui n'ont pas toujours une teneur plus grande en azote. Quoi qu'il en soit, dans les parties cultivées, la matière azotée a baissé en notable proportion, comme il vient d'être indiqué, du fait même de la culture, qui a enrayé sa formation par la disparition des plantes marécageuses et provoqué la nitrification de l'azote organique des végétations antérieures.

L'acide phosphorique et la potasse se trouvent en proportions variables suivant les endroits, mais toujours en quantités que l'on peut considérer comme insuffisantes pour les besoin de la culture qui pourrait être envisagée dans ces sortes de sols une fois assainis. Les engrais phosphatés et les engrais potassiques sont, il est vrai, à prix assez peu élevé sur le marché et il est très facile de se les procurer dans le commerce.

De l'examen des lieux et des résultats donnés par l'analyse physico-chimique on peut conclure que la mise en culture des marais de la région d'Aigre est réalisable *après assainissement*. La terre est en effet riche, même très riche, avons-nous dit, en matière azotée organique, qui deviendrait utilisable après sa nitrification. Celle-ci serait provoquée par le dessèchement et l'aération des couches superficielles du sol, l'incinération sur beaucoup de points des roseaux et des carex qui forment la végétation des rouchères, le mélange enfin des dépôts calcaires aux matières organiques.

L'acide phosphorique et la potasse seraient facilement apportés par les engrais commerciaux auxquels ont déjà recours tous les agriculteurs de la région.

Mais l'assainissement de ces marais, qui constitue le point de départ de la mise en valeur des terrains envisagés, peut-il être pratiquement réalisé ? Nous le croyons, tout en laissant au Service technique compétent le soin de se prononcer en dernier lieu.

Nous considérons, en effet, que, si on faisait disparaître la plupart des barrages sur ruisseaux, ce qui entraînerait sans doute la disparition de petits moulins d'utilité contestable pour la plupart ; si, d'autre part, on exécutait sur certains points, à des distances à étudier, de larges fossés à ciel ouvert où pourrait s'écouler l'eau en excès, qui se rendrait finalement à la rivière, on abaisserait suffisamment le plan d'eau pour permettre, avec l'apport d'engrais phospho-potassiques, soit l'installation de bonnes prairies naturelles, soit la culture agricole proprement dite, en faisant une large place aux plantes spéciales propres aux terres riches, profondes et naturellement fraiches.

On pourrait envisager aussi, en bordure des cours d'eau approfondis si c'est nécessaire, et des larges fossés de drainage à créer, la plantation d'arbres dont les racines ne redoutent pas trop l'humidité, tels que l'aune, le peuplier, le frêne, peut-être le cyprès chauve, etc...

L'assainissement d'ensemble à poursuivre pour la mise en valeur des marais devrait être précédé de la constitution d'un syndicat entre tous les nombreux agriculteurs intéressés. Cette association, qui pourrait solliciter le concours du Service du Génie rural au Ministère de l'Agriculture, devrait envisager non seulement l'exécution et le règlement de tous les travaux, mais aussi, dans la plupart des cas, une sorte de remembrement des parcelles de terre occupant les marais, ce qui entrainerait sur divers points une nouvelle répartition de la propriété.

L'exécution des travaux d'assainissement serait en ce moment assez onéreuse ; il appartient au Service technique de la chiffrer approximativement. En tout cas, on peut affirmer, croyons-nous, que la plus value acquise par ces terrains, presque improductifs actuellement, serait considérable et que la dépense une fois faite serait productive d'un gros intérêt.

La main d'œuvre nécessaire à la mise en application du projet n'existant pas sur place en quantité suffisante, on pourrait recourir à la main d'œuvre étrangère (polonaise ou autre), que l'on utilise déjà çà et là en Charente, puis, toutes les fois que ce serait possible, et cela devrait se présenter souvent dans l'exécution des travaux, remplacer l'ouvrier par la machine, comme étant plus expéditive et d'un prix de revient moins élevé.

Exécution Mécanique de l'Entretien

des Canaux des Marais

Par M. G. LEROY
Ancien Élève de l'École Polytechnique
Directeur général de la Société Française d'Entreprises de Dragages
et de Travaux Publics

Il n'est certes pas besoin d'exposer les raisons qui ont fait inscrire au programme de la journée des *Marais* l'étude de l'exécution mécanique de l'entretien des canaux ; mais il est, par contre, nécessaire d'indiquer immédiatement l'esprit qui a guidé cette étude et le but qu'elle a cherché à réaliser.

L'un et l'autre sont essentiellement pratiques. Je veux dire que j'entends avant tout m'inspirer de ce qui, jusqu'ici, a été, non pas seulement conçu, mais au contraire réalisé, mis au point et adopté définitivement et généralement pour l'exécution de travaux analogues aux vôtres. Je chercherai avant tout l'emploi, sous leur forme actuelle ou sous une forme dérivée, adaptée aux canaux des *Marais*, d'appareils mécaniques ayant fait leurs preuves, que vous puissiez voir fonctionner et dont vous puissiez consulter les propriétaires et les conducteurs. Vous pourriez ainsi juger ces appareils, acquérir la certitude qu'ils exécuteront convenablement vos travaux, évaluer les dépenses d'achat et d'exploitation, vous décider, par conséquent, en toute connaissance de cause.

D'ailleurs, si ingénieuse que pourrait paraître une solution nouvelle, vous ne trouveriez que très difficilement un constructeur expérimenté qui consente à engager les frais de son étude, de sa réalisation et de sa mise au point. Vous auriez donc à prendre ces dépenses à votre charge sans savoir où vous seriez entraînés, sans avoir la certitude du succès. En un mot, vous auriez à assumer un rôle qui n'est pas le vôtre.

Enfin, personnellement, pouvais-je faire mieux que de m'appuyer sur les observations que j'ai pu faire ou recueillir pendant 20 ans dans l'étude, la mise au point, la conduite et l'amélioration d'engins entrés définitivement dans la pratique la plus générale.

CHAPITRE PREMIER

CARACTÉRISTIQUES GÉNÉRALES DES TRAVAUX A EXÉCUTER

CLASSIFICATION DES CANAUX A ENTRETENIR

S'il s'agit bien partout de rendre ou de donner, dans la mesure du possible, aux canaux des *Marais* une section trapézoïdale formée d'un plafond horizontal AB et de 2 talus inclinés AC et BD, en rejetant les déblais sur l'une ou l'autre des berges, les conditions d'exécution sont, par contre, extrêmement variables suivant les lieux et rendent le problème à résoudre particulièrement complexe.

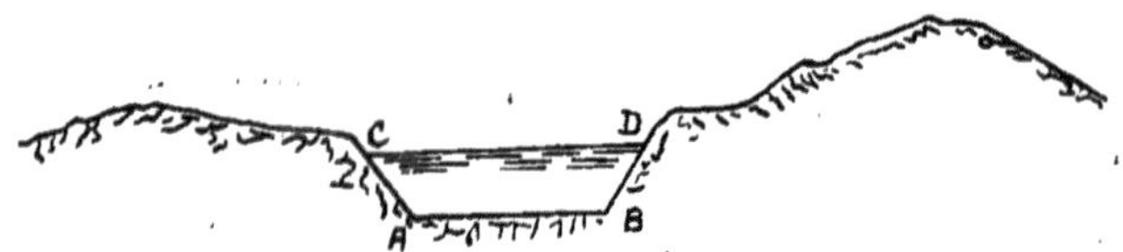

Pour mettre un peu de clarté, il faut absolument classer les canaux à entretenir en plusieurs catégories. Nous distinguerons d'abord, d'après leur emplacement :

les *Canaux des Marais Mouillés* ;

les *Canaux des Marais Desséchés* ;

puis, dans chaque région, suivant leurs dimensions :

Les grands canaux, dont la largeur au plafond est supérieure à 6 mètres, la profondeur étant en général comprise entre 2 et 3 mètres ;

Les moyens canaux, dont la largeur au plafond est comprise entre 3 et 6 mètres, la profondeur variant entre 1 et 3 mètres ;

Les petits canaux, dont la largeur au plafond est comprise entre 1 et 3 mètres, leur profondeur étant d'environ 1 mètre. (1)

Les *Canaux des Marais Mouillés* ont, en général, leurs rives encombrées d'arbres et d'arbustes que, bien entendu, il y a intérêt à conserver intacts. Pourtant, sur une longueur assez importante, ces canaux n'ont, sur une de leurs rives tout au moins, que des arbres étêtés à environ 2 mètres au-dessus du niveau de l'eau ou étêtables à cette hauteur. J'appellerai ces derniers : *canaux à berges libres* ; les premiers : *canaux à berges encombrées*.

Au contraire, les rives des *Canaux des Marais Desséchés* sont, en général, dépourvues d'arbres ou d'arbustes ; par contre, la hauteur de ces rives est très irrégulière, les dépôts provenant du creusement initial ou des entretiens ultérieurs étant déposés, tantôt près, tantôt loin, tantôt à grande hauteur, tantôt à peu près uniformément répartis. En général, ce n'est qu'à 2 ou 3 mètres des berges que le terrain redevient régulier.

Dans l'une et l'autre des régions, les canaux sont encombrés d'herbes aquatiques et même de roseaux pendant une grande partie de l'année. Il faudra donc extraire fréquemment des débris végétaux, des paquets de racines sans grande résistance, mais assez solidement enchevêtrées. Presque partout, on rencontrera le bri, si peu qu'on touche au terrain vierge.

Tous les canaux sont traversés par des ponts bas et étroits qui obligent à réduire à leur minimum les dimensions des appareils flottants à utiliser ou à prévoir, par des dispositifs appropriés, la possibilité de les ramener rapidement et aisément aux maximum tolérés par les ouvertures des ponts.

CHAPITRE II

PROCÉDÉS D'EXÉCUTION

CANAUX DES MARAIS MOUILLÉS

L'emploi d'appareils flottants s'impose pour ces canaux ; aussi envisagerons-nous d'abord l'utilisation des appareils

---

(1) Bien entendu, il s'agit des dimensions à obtenir par l'entretien et non des dimensions actuelles plus ou moins réduites par les éboulements ou les envasements.

classiques que constituent les dragues à godets et dont quelques exemplaires fonctionnent déjà dans votre région.

I. — GRANDS CANAUX

Drague à godets à longs couloirs. — Ce type, bien connu, s'acommodera aisément des terrains à extraire, mais il ne pourra être utilisé que dans les *Canaux à berges libres*. De plus, même pour ceux-ci, la présence fréquente de troncs sur les rives nécessitera une hauteur d'extrémité de cou-

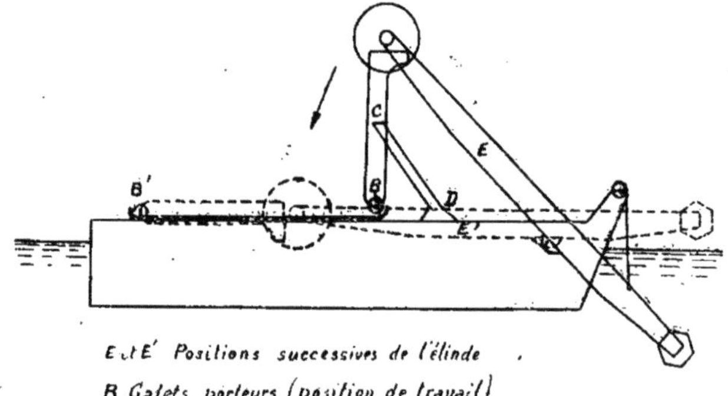

loirs de 2 m. 50 comptée au-dessus du niveau de l'eau. La stabilité latérale correspondante nécessitera une largeur de coque d'environ 3 à 5 mètres. La drague à godets à longs couloirs ne pourra donc être utilisée que *dans les grands canaux.*

La petite drague des Ponts et Chaussées en service dans votre région, constitue un type pouvant servir de base à l'établissement de nouveaux appareils. Je vous signalerai, toutefois, un dispositif de charpente rabattable dessiné par M. Guilloux pour la drague du service des Ponts et chaussées de Reims.

Ce dispositif, qui facilite considérablement le passage de

la drague sous les ponts, consiste à munir la partie inférieure de la charpente du beffroi de galets pouvant circuler
sur des rails placés sur le pont de la drague. L'élinde et la
charpente, qui forment les deux parties d'un A, s'abaisse-
ront lorsqu'on ouvrira l'A en faisant rouler vers l'arrière les
galets dont il vient d'être question. Il suffira, au contraire,
de ramener les galets vers l'avant pour relever tout l'ensemble.

II. — Moyens canaux et grands canaux

a rives encombrées

Drague à godets refouleuse. — Pour les *Grands Canaux*
à rives encombrées et pour tous les *Moyens Canaux*, la drague à godets refouleuse paraît constituer une solution satis-
faisante. Cette drague aura, au point de vue extraction, tous
les avantages des godets et, au point de vue dépôt, toute la
souplesse de la drague refouleuse.

La drague extraira les déblais au moyen d'une chaine à
godets ordinaire et les déversera dans un puits, d'où ils
seront repris par une pompe ; ces déblais pouvant être fréquemment mélangés de racines enchevêtrées, il sera utile de
disposer avant le puits, un couteau rotatif, genre hache paille (1), qui les débitera éventuellement en morceaux. On
supprimera ainsi les risques d'engorgement des conduites.

Une drague d'une puissance de 20 à 25 CV pourra, en
effet, se contenter de 3 m. de largeur au plafond et de 80 cm.
à 1 m. de profondeur ; par un tuyau en caoutchouc de 150
m/m de diamètre, par conséquent, léger et maniable, elle
atteindra aisément le lieu de dépôt, si difficile d'accès ou si
encombré qu'il puisse être.

Ce type de drague a l'inconvénient de déverser sur les
berges, en même temps que la vase, une quantité assez importante d'eau. Cet inconvénient paraît pouvoir être accepté
en beaucoup d'entroits et, en tous cas, partout pendant une
très grande partie de l'année.

D'autre part, le large champ d'utilisation d'un pareil engin susceptible de travailler dans des largeurs allant de 3 à
25 mètres, constitue un avantage considérable.

____

(1) Il y aurait lieu d'expérimenter ce dispositif pour l'adapter exactement aux racines de la région.

Drague à Godets à transporteur. — Si le refoulement par l'eau ne pouvait être admis, il serait possible dans les *Moyens Canaux*, d'assurer la mise sur berges des déblais, non plus par une pompe, mais par un transporteur à palettes. Ce transporteur porterait, d'une part, sur un pivot articulé placé sur l'axe de la drague et, d'autre part, sur la rive afin de pouvoir suivre le mouvement de papillonnage de la drague.

Cet appareil aurait l'avantage d'envoyer moins d'eau sur les rives ; mais, par contre, il serait beaucoup moins souple que la refouleuse et, en tous cas, il ne résoudrait pas la difficulté qui créent les rives complètement encombrées d'arbres et d'arbustes.

III. — Petits canaux

Dragues à larges godets et à couloir. — Le moyen le plus simple et le plus sûr d'exécuter ces petits canaux, consiste à utiliser une drague à godets, la largeur de ceux-ci dépassant légèrement celle de la coque pour que le mouvement de papillonnage ne soit pas nécessaire. On pourra ainsi travailler dans des largeurs de plafond ayant la largeur de la coque.

Pour obtenir une largeur de coque de 1 m. et peut-être même de 0 m. 80 ayant une stabilité latérale suffisante, il faudra alléger considérablement le type ordinaire de chaine à godets. On fera appel aux dispositifs des petits élevateurs terrestres : chaine-galle unique ou mieux courroie en cuir chromé résistant à l'eau. Des godets, les déblais tomberont dans une trémie, d'où ils glisseront à terre par une coulotte pivotante et rabattable. Cette coulotte permettra d'éviter les arbres des berges ; en raison de sa faible longueur, une addition d'eau ne semble pas nécessaire. Il serait d'ailleurs facile de l'ajouter, si le besoin s'en faisait sentir.

La longueur de la coque sera déterminée par le tirant d'eau définitif à adopter. Il sera sans doute nécessaire de la fractionner en éléments démontables pour permettre le passage au croisement des petits canaux. La drague ne papillonnant pas, le curage des canaux dont la largeur dépasserait un mètre serait exécuté par passes longitudinales successives.

Avec un moteur de 8 à 10 CV, l'engin ayant les dimensions indiquées précédemment exécuterait 15 à 20 mètres cubes à l'heure.

CHAPITRE III

Canaux des marais déséchés

Les appareils flottants indiqués précédemment pour les *Canaux des Marais Mouillés* peuvent évidemment être utilisés pour les canaux analogues des *Marais Désséchés*. Toutefois, un certain nombre d'engins terrestres paraissent pouvoir être également utilisés.

Excavateurs à chaine à godets. — Les excavateurs à chaine sont des engins bien connus, mais ils présentent pour l'entretien des canaux des *marais*, deux inconvénients particulièrement graves : lourds et encombrants, ils ne peuvent se déplacer que sur des voies ferrées assez larges ou sur des chenilles, qui nécessitent, les uns et les autres, l'existence d'une zone sensiblement plane au voisinage immédiat de la berge, ce qui n'existe qu'assez rarement dans vos Régions ;

Les dimensions des canaux qu'ils peuvent exécuter, la hauteur et la disposition des rives, ne peuvent, pour un appareil donné, varier que dans des limites assez étroites, à moins d'accepter que le volume des déblais extraits dépasse sensiblement celui qui est nécessaire.

J'estime donc que leur emploi ne pourrait être envisagé que dans des cas particuliers, très bien étudiés.

Excavateurs à benne preneuse. — L'excavateur à benne

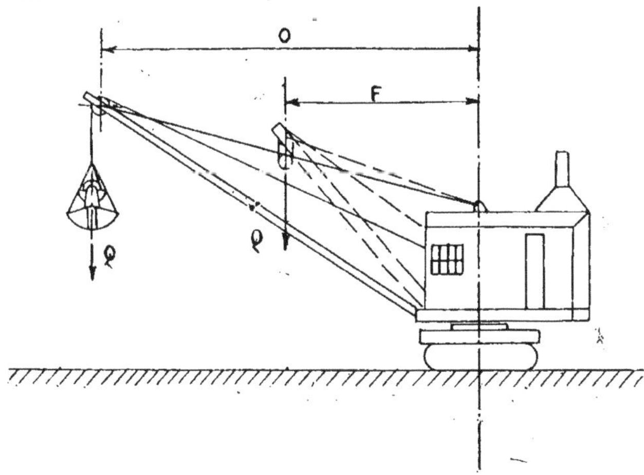

preneuse, monté sur chenilles, s'adapte aisément à des dimensions de canaux et à des dispositions de berges assez variables.

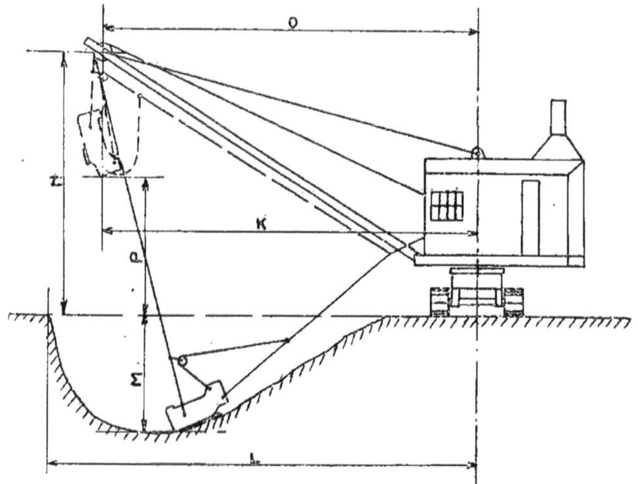

LE MÊME EXCAVATEUR ÉQUIPÉ EN DRAGLINE

Il a fait ses preuves depuis longtemps et d'assez nombreux types sont actuellement sur le marché. Cet appareil

Drague-line curant un canal

peut d'ailleurs s'équiper en *dragline* et exécuter ainsi des travaux assez divers. Il a, par contre, l'inconvénient de ne pas donner un plafond bien régulier, inconvénient qui ne me semble pas avoir beaucoup d'importance pour les canaux des marais.

Excavateur équipé à godet unique. — Ce type d'appareil a les mêmes inconvénients de poids et d'encombrement que l'excavateur à chaine ; dès que les dimensions des voies à entretenir, la hauteur des berges ou même leur configuration varient, il devient inutilisable.

Néanmoins, ce dispositif peut donner de bons résultats dans certains cas. Comme les divers constructeurs d'appareils à benne fournissent à peu de frais l'équipement en drag-line et en excavateur à godet unique, il sera facile et sans doute avantageux de l'acquérir.

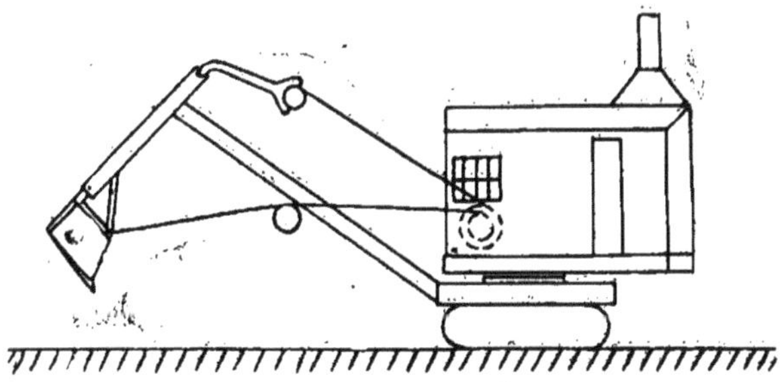

LE MÊME EXCAVATEUR ÉQUIPÉ A GODET UNIQUE

Le type représenté par les schémas ci-joints paraît pouvoir être utilisé. Ses caractéristiques sont :

Q Puissance de levage comme grue .... 4 t.
K Rayon de déchargement .... 8 m. 25
L Rayon d'attaque du godet, environ .... 9 m. 60
M Profondeur de fouille .... 3 m. 00
N Hauteur de flèche normale .... 5 m. 40
O Rayon de la flèche correspondant .... 8 m. 35
P Hauteur de déchargement du godet .... 2 m. 90

Contenance normale du godet .... 0 m³. 300
Q' Puissance de levage comme grue au rayon
    normal .... 1.000 kg.
Contenance moyenne de la benne preneuse .... 0 m³. 300

CHAPITRE IV

REMARQUES GÉNÉRALES

Herbes aquatiques. — D'une façon générale, il y aura toujours un gros avantage à faucarder avant d'entreprendre la mise en profil d'un canal, sauf, toutefois, pour les excavateurs à godet unique ou à benne preneuse.

Moteurs. — Les appareils destinés aux moyens et petits canaux devront nécessairement utiliser des moteurs à explosion ou à combustion moins lourds et moins encombrants que les machines à vapeur.

Il y aura certainement avantage à utiliser partout des moteurs Diesel à huile lourde pour diminuer les dépenses de combustible et de personnel. D'excellents moteurs de ce type sont actuellement sur le marché.

Exécution des talus. — Les dragues à godets peuvent exé-

Drag-line élargissant un fossé

cuter, à défaut de talus parfaits, des talus en gradins qui suffisent à diminuer les éboulements. Les excavateurs à godet unique, les drag-line et même les excavateurs à benne preneuse, peuvent taluter dans une certaine mesure, mais souvent au détriment de leur rendement.

Les excavateurs à chaine exécutent un talus régulier, mais dont l'inclinaison varie avec la profondeur du canal.

Rendements. — Seuls, les appareils utilisés dans les grands canaux pourront obtenir des rendements normaux. Ailleurs, en raison de la faible épaisseur de vase à enlever, les rendements des appareils seront assez sérieusement diminués.

Terrains collants. — Fréquemment, les terrains argileux adhérent aux godets de telle façon que ceux-ci ne se vident pas ; pour empêcher l'adhérence, il suffira de disposer sur la face interne du godet une tôle courbe (1).

CONCLUSIONS

En résumé, l'état actuel de la construction des engins de dragages ou de terrassement conduit à faire appel :

1°) à la *drague à godets à longs couloirs* pour les *grands canaux à rives libres* ;

2°) à la *drague à godets refouleuse* pour les *grands canaux à rives boisées* et pour tous les *moyens canaux.*

3°) à la *drague à godets larges* pour les *petits canaux des Marais Mouillés et ceux des Marais Desséchés* où le niveau de l'eau est suffisant ;

4°) à *l'excavateur à benne preneuse*, équipable en dragline et en godet unique, pour les *petits canaux des Marais Desséchés* où le niveau de l'eau est insuffisant. Cet engin pourra d'ailleurs être utilisé dans les *moyens canaux.*

Ces appareils permettront d'assurer l'entretien de tous les canaux des *Marais* sans exception.

Telles sont les conclusions auxquelles m'a amené l'examen des travaux d'entretien de vos canaux, examen conduit dans l'esprit que je vous ai indiqué en commençant. J'aime à penser que vous avez maintenant une vue précise et nette des solutions possibles et que vous pouvez, par conséquent,

---

(1) Ce dispositif est breveté, mais la *Société Française d'Entreprises de Dragages et de Travaux publics* en autorise aisément l'emploi lorsqu'il lui est demandé.

déterminer celles qui peuvent être adoptées dès maintenant et celles qui doivent au contraire être améliorées ou transformées.

Je serais très heureux si mon travail vous permettait de faire le premier pas sur la voie qui doit faire disparaître les difficultés que vous rencontrez dans l'entretien de vos canaux, si nécessaires à la vie de votre région.

Le Faucardement des Eaux

Par M. P. HIRSCH

Président de la Chambre Syndicale des Étangs de Touraine et d'Anjou

---

L'Union Nationale des Syndicats de l'Etang, préoccupée de l'envahissement des étangs par les plantes aquatiques, s'est attachée depuis quelques années à développer la pratique du faucardement : les expériences ont montré en effet que cette opération permet d'augmenter la production des étangs de 30, 50 .% et même de la doubler ; la place occupée par l'enjoncement diminue d'autant la quantité d'eau d'un étang, elle s'échauffe peu et le poisson trouve par suite difficilement sa nourriture de corpuscules dénommés plankton constituant la richesse piscicole des eaux ; de plus le poisson, gêné dans ses déplacements, est paresseux à chercher sa pitance, tandis qu'il n'a pas la place d'échapper à ses ennemis plus vifs que se cachent à l'affût dans les plantes.

La pisciculture avait donc un gros intérêt à faire disparaître la végétation suraquatique, et les expériences faites avaient démontré que les végétaux, coupés entre deux eaux au commencement de l'été, repoussent mal. Il s'agissait donc d'arriver à cette coupe sans des frais de main-d'œuvre disproportionnés au résultat à attendre.

Quelques chercheurs avaient essayé de mettre une faux de faucheuse mécanique en avant d'un bateau et de l'actionner par un moteur servant d'autre part à faire avancer le bateau. Des bateaux de ce genre ont été présentés aux expositions de pisciculture et primés à titre d'encouragement.

En 1926, l'Union Nationale des Syndicats de l'Etang, pour donner un élan à la construction de ce genre de bateaux, a décidé de convier les constructeurs à une manifestation publique et à les faire fonctionner sous les yeux d'un jury.

Il était visible que les appareils n'étaient pas assez au

point pour les soumettre à un concours : l'Union a donc organisé des épreuves contrôlées permettant de déterminer le prix de revient, la qualité du travail effectué, la profondeur à laquelle l'appareil fonctionne, ses facultés de déplacement, etc... Les épreuves ont eu lieu pendant quatre jours aux Etangs de Belval (Marne) aux confins de l'Argonne.

Six constructeurs ont présenté des appareils ; trois autres n'ont pu se présenter, n'étant pas prêts.

Les épreuves de Belval ont été fructueuses en enseignements, tant au point de vue théorique qu'au point de vue pratique. Quelques mois après paraissait le rapport sur ces épreuves, et bientôt on apprenait que les concurrents avaient mis à profit les enseignements de Belval en transformant leurs appareils.

Le moment était venu d'organiser un concours : c'est ce qu'a fait l'Union en été 1927, et pour donner une plus grande publicité aux réalisations des constructeurs, elle a fait choix des étangs de la région de Versailles-Rambouillet, à proximité de Paris.

Les appareils étaient classés en 4 catégories, selon leur poids à vide.

1re *Catégorie* — Engins à moteur mécanique pour grands étangs, canaux et rivières, pesant plus de 800 kilos en ordre de marche et à vide, sans chariot ou avant-train pour le transport sur route.

2e *Catégorie.* — Engins à moteur mécanique entre 500 et 800 kilos, comme dit ci-dessus, pour moyens étangs et petits canaux.

3e *Catégorie.* — Engins à moteur mécanique pesant moins de 500 kilos.

4e *Catégorie.* — Appareils portatifs mus à la main, sans limitation de poids, mais rapidement démontables en parties ne pesant pas plus de 33 kilos chacune.

Tous les engins des trois premières catégories devaient être munis d'organes de roulement sur route et pouvoir être facilement remorqués par automobile, mis à l'eau et retirés de l'eau.

Ont obtenu :

1re *Catégorie.* — 1er prix : Collas-Jacques, n° 1. — 2e prix, « Le Berry » de Lauvergnat.

2e *Catégorie.* — 1er prix, Collas-Jacques n° 2. — 2e prix, Hencké et Xénard n° 1.

3ᵉ Catégorie. — 1ᵉʳ et 2ᵉ prix ex-aequo, Motofaucardette, de Lauvergnat, Le Figaro, de Gonnet ; 3ᵉ prix, Hencké et Xénard n° 2.

4ᵉ Catégorie. — Prix, Euréka, à Lauvergnat.

Le concours de 1927, a montré que la France possède plusieurs bateaux faucardeurs bien au point, parfaitement adaptés, selon les types, aux petits, aux moyens, aux grands étangs, aux petites rivières, et aux canaux d'irrigation ou de transport.

Le but que s'était proposé l'Union Nationale des Syndicats de l'Étang a donc été atteint en quelques années d'études fructueuses. A présent, les constructeurs continuent à perfectionner leurs appareils et il arrivera un moment où de nouveaux concours seront utiles.

Dès maintenant, qu'on se le dise, le roseau et le jonc sont vaincus.

Note[1] sur l'Installation de Pompage
de Codigoro (Italie)

Par M. GODEAU

Ingénieur en Chef du Génie Rural

Avant de se jeter dans l'Adriatique, le Pô se ramifie en un grand nombre de bras secondaires qui séparent autant de basses plaines humides et souvent marécageuses.

Celle dite de *Ferrare*, dont l'assainissement a été entrepris, possède une surface de 54.500 hectares.

Pendant longtemps on a supposé que ce delta était formé par l'accumulation des matériaux arrachés par le fleuve à son lit supérieur, et déposés à son embouchure. Il semble que cette opinion soit controuvée, car certains de ces terrains, qui sont aujourd'hui à 2 m. 50 au-dessous du niveau de la mer, étaient, avant l'ère chrétienne, cultivés et habités, ainsi qu'en témoignent des pièces de monnaie trouvées dans le sol, des débris de colonnes, des vases, des armes et autres vestiges tendant à démontrer que cette région constituait une colonie de l'empire romain.

A une époque relativement récente, vers l'an 1.000, l'Abbaye de *Pomposa* fut construite à l'Est de *Codigoro*. Elle tira son nom de la beauté et de la fertilité de la contrée.

C'est plutôt par un affaissement lent et continu des Côtes Adriatiques de *l'Istrie* à *Ravenne* que cette région a été ruinée. Certaines parties furent recouvertes par la mer, d'autres se transformèrent en marais improductifs et insalubres.

Dès le XVe siècle, les pouvoirs locaux s'efforcèrent de remédier à cette situation en faisant creuser de nouveaux canaux et approfondir les anciens. Mais le sol continuant à

---

(1) Extrait de la Revue « Die Schweizerische Bauzeintug » — Sonderabdruck — Obering. Müller — 1919.

s'affaisser, l'évacuation des eaux ne tardait pas à devenir impossible. Les terrains étaient de nouveau submergés.

Jusqu'au siècle dernier, l'histoire de cette région n'est qu'une lutte ininterrompue entre l'homme et le marais. Lutte stérile, mais non sans grandeur.

Vers le milieu du XIXe siècle, la machine à vapeur, alors à ses débuts, apparut aux populations comme un facteur décisif, susceptible de combattre victorieusement les forces naturelles qui, jusqu'alors, avaient toujours eu raison de leur labeur et de leur opiniâtreté.

Pendant 18 ans, des projets furent élaborés. Ils moururent avant de voir le jour.

Enfin en 1872, une Société se constitua à *Londres*, avec le concours de diverses banques, dans le but d'entreprendre l'assainissement de cette région. Elle prit le nom de *Societa italiana per bonificazione dei terreni Ferraresi*. Son capital social fut fixé à 8 millions de francs et elle s'assura immédiatement la possession de 22.000 hectares.

La station de pompage érigée à *Codigoro*, fut mise en service en 1874. L'appareillage comportait 8 pompes centrifuges d'un débit total de 30.000 litres par seconde. Chaque groupe de deux pompes était actionné par un moteur à vapeur, développant 350 HP. La hauteur de refoulement était de 2m. 60.

L'expérience ne tarda pas à démontrer que cette entreprise était destinée à continuer la série des insuccès antérieurs et cela, parce qu'on n'avait pas attaché assez d'importance à deux facteurs essentiels : la quantité d'eau à évacuer par seconde et par hectare, et le tassement du sol, consécutif à son assèchement. On avait tablé sur 0 l. 60 par seconde et par hectare, chiffre trop faible. L'affaissement du sol, au bout de 10 ans, atteignit 1 m., ce qui augmenta d'autant la hauteur de refoulement. En fait, le débit des pompes descendit peu à peu à 18.000 litres par seconde et les terrains furent souvent submergés.

Un nouveau projet fut mis à l'étude. Il comportait la construction d'une nouvelle station de pompage d'un débit total de 36.000 litres par seconde, cette nouvelle installation devant assurer l'assèchement de 38.000 hectares ; l'ancienne remise en état, étant destinée à l'assèchement du reste, soit 16.000 hectares.

On disposait, au total, d'une capacité d'évacuation de 61.000 litres par seconde, correspondant à un débit de 0 l. 8 à 1 l. 13 par seconde et par hectare.

Le Gouvernement royal italien décida de participer à cette entreprise pour 7.761.000 francs. Les marchés de construction furent signés en 1906.

L'installation mécanique se compose de 5 groupes de pompage, dont 4 ont un débit unitaire de 8.000 litres par seconde et le 5ᵉ, de 4.000 litres par seconde. La hauteur de refoulement oscille entre 4 m. 10 et 5 m. 10.

Les machines à vapeur actionnant les quatre premiers types de pompes développent respectivement 800 HP à 105 tours et 1.200 HP à 122 tours. La consommation annuelle de charbon est de 4.000 tonnes.

Parallèlement à la construction de cette nouvelle installation, l'ensemble des canaux a été aménagé et amélioré. Leur longueur totale atteint 453 Km. dont 145 sont en liaison avec l'ancienne installation et 308 avec la nouvelle.

Le coût total de l'entreprise, y compris les dépenses relatives aux canaux, et à la remise en état de l'ancienne installation, s'est élevé à 17.500.000 francs (1), soit pour 54.500 hectares, 323 francs par hectare assaini. Les frais d'entretien, d'exploitation, d'amortissement, atteignent 9 francs 26 par hectare et par an. Ces frais sont, pour la Société, largement couverts par une taxe qui, fixée à 20 fr. environ par hectare, produit annuellement plus de 1.000.000 de frs.

La hauteur pluviomètrique dans la région de *Ferrare* atteint en moyenne 764 millimètres, représentant 414.000.000 de mètres cubes, sur l'ensemble du périmètre de la Société. La station de *Codigoro* évacue annuellement, près de 140.000.000 de mètres cubes, soit, par conséquent, le 1/3 environ, des précipitations atmosphériques.

---

(1) Il s'agit ici d'anciens francs-or (N. d. T.).

De la nécessité des Fédération ou Unions de Marais

Par M. G. ROUSSEAU

*Docteur en droit, Membre de la Chambre d'Agriculture
de la Charente-Inférieure*

Nous entendons par marais les vastes étendues de terrains que de gigantesques travaux ont arrachées à l'état d'inculture sauvage et que l'industrie humaine a mises en valeur.

Ces marais sont d'ailleurs de diverses natures, soit qu'ils aient été conquis sur l'invasion périodique des flots salés de la mer, soit qu'ils aient été arrachés à la stagnation continue des eaux douces.

C'est cette double origine qui a donné naissance sur nos côtes Charentaises et Vendéennes aux marais salants et aux marais doux.

Nous aurions pu ici, où nous nous plaçons surtout au point de vue agricole, négliger les marais salants qui ne sont pas véritablement une industrie agricole et nous contenter d'étudier les marais doux. Il y aurait eu là, à notre avis, un oubli regrettable ; car, de nos jours, la saline, presque abandonnée, a cédé la place au marais gât, source féconde et particulièrement riche d'herbages graisseux extrêmement précoces d'où sont chaque année la primeur de nos bœufs d'embouche.

Nous pourrions également signaler qu'une distinction s'établit entre les marais desséchés et les marais mouillés ; mais cette subdivision nous semble sans intérêt ; car le point essentiel sur lequel nous voulons insister tout particulièrement, est le suivant : qu'il s'agisse de marais salants ou de marais doux, de marais mouillés ou de marais desséchés, ces terrains n'ont été mis en valeur que grâce à un effort commun et chaque fois que la coopération se ralentit, la valeur des marais diminue.

Jusqu'à ce jour, cette coopération ne s'était guère manifestée que sous deux formes :

1°) Etablissement et défense de digues ;

2°) Création et entretien de canaux d'assèchement et d'irrigation.

Mais nous verrons tout à l'heure que d'autres intérêts communs peuvent nécessiter une nouvelle coopération.

En effet, ce qui pouvait être suffisant autrefois peut ne plus l'être aujourd'hui, de nouveaux besoins se créant constamment.

Avant d'aller plus loin, montrons les raisons faisant que ces grands travaux, qui aboutissent à la mise en valeur des marais, ne peuvent être que le résultat de collaboration.

Ces marais, qui ont été divisés en secteurs suivant les pentes du terrain ou pour les facilités du drainage, couvrent souvent, même dans ces secteurs réduits, des milliers d'hectares. Pratiquement ils sont donc morcelés entre de nombreux propriétaires et il est probable que, pris individuellement, aucun d'eux n'offrirait une surface financière suffisante pour faire édifier les travaux nécessaires, digues ou canaux. Ces ouvrages couvrant en effet souvent des longueurs de plusieurs kilomètres nécessitent des dépenses considérables. En outre les pentes nécessaires à l'écoulement des eaux demandent l'établissement des canaux dans telle ou telle direction, ils devront donc traverser tel ou tel domaine qui, s'il doit légalement supporter le passage naturel des eaux, n'est pas tenu de voir sa servitude aggravée, par l'établissement d'un canal. D'autre part, le particulier, qui s'attellerait à cette tâche, ne pourrait le faire que pour son propre domaine, il risquerait ainsi de créer des travaux à double effet servant autant à son mitoyen qu'à lui-même et dont il aurait seul la charge. C'est pourquoi il est indispensable que tous ces grands travaux soient faits par des collectivités ayant des intérêts communs. La digue qui défend le front de mer protège aussi bien le terrain qui est à plusieurs kilomètres en arrière que celui qui la borde. Ils ont tous le même intérêt à sa construction et à son maintien. Le canal d'assèchement est aussi utile au terrain en amont qu'au terrain en aval.

L'histoire nous montre d'ailleurs qu'en fait, c'est ainsi que les choses se sont passées et que ce sont toujours des collectivités ou des représentants d'intérêts collectifs, qui ont créé et défendu les marais. Si vous voulez bien, nous allons suivre ensemble la genèse de nos marais ; cette étude sera, si l'on peut dire, à double effet : car, outre les indications chronologiques, elle nous montrera que, chaque fois que la collectivité a négligé son œuvre de collaboration, la valeur des marais a sensiblement diminué.

Jusqu'au XIIe et XIIIe siècle, aucun assainissement des marais. A cette époque, sous la direction des abbayes propriétaires, dont les domaines avaient une étendue qui n'est plus dans la pratique de nos jours en France, de grands fossés sont faits au moyen des corvées.

Mais pendant la guerre de Cent Ans et les guerres de religion, les préoccupations sont autres, le guerrier remplace l'agronome, les digues se rompent, les fossés se comblent, les marais redeviennent la proie des inondations.

Avec les règnes d'Henri IV et de Louis XIII, la paix bienfaisante permet au sentiment d'intérêt collectif de renaître. Ici l'Etat représente la collectivité. Les vues d'ensemble sont données par le gouvernement, qui accorde des concessions à certaines conditions, comme sont accordées aujourd'hui les concessions coloniales. De grandes Compagnies d'assécheurs s'organisent, elles obtiennent de drainer un certain périmètre dans des conditions déterminées. Si le travail n'est pas fait dans un certain délai, la concession devient caduque. Ces Compagnies d'assécheurs sont souvent Hollandaises, ce qui s'explique : la Hollande ne vivant qu'à condition de se défendre constamment contre l'envahissement des eaux, ses enfants sont mieux que quiconque au courant des nécessités de ces travaux de drainage et d'endiguement.

Les guerres du règne de Louis XIV avaient mis les finances de la France en piteux état ; aussi à cette époque les grands travaux d'Henri IV et de Louis XIII sont-ils abandonnés, la fertilité et la salubrité du marais diminue et il nous faut attendre 1780 pour voir le Gouvernement reprendre dans notre région ces travaux d'assainissement sous l'instigation du comte de Broglie, qui sut intéresser le roi et le marquis de Castries à cette œuvre et fit signer l'arrêt du Conseil du 30 octobre 1782 ordonnant d'importants travaux dans les marais de notre région Charentaise.

Aujourd'hui, ces ouvrages d'intérêt collectif, canaux et digues, sont surveillés et entretenus par des Sociétés de coopération généralement appelées Syndicats. Elles sont régies, suivant leur âge, soit par des ordonnances royales merveilleuses de précision, telles que celle du 29 septembre 1824, qui, pour la saline, prévoit on peut dire tous les cas, soit par des statuts particuliers, d'autres par les lois de 1865 ou de 1884. Leur objet est strictement limité : entretien de digues ou de canaux, mais rien ne s'oppose à ce qu'en face d'un nouveau danger commun, de nouveaux Syndicats se forment ou que des Syndicats déjà existants étendent l'objet de leur coopération et même se groupent entre eux pour former un Syndicat plus général, réunissant plusieurs Syndicats ayant un intérêt commun ; et c'est ainsi que nous voyons naître la nécessité de créer des Unions, des Fédérations des Syndicats, ayant pour but, par exemple, de rechercher des appareils ou des procédés leur permettant de remplir plus facilement leur mission d'assèchement.

La main-d'œuvre devenant, en effet, de plus en plus rare, les moyens anciens ne sont plus suffisants, non seulement pour améliorer l'œuvre accomplie, mais même pour la maintenir. A cela ajoutez le manque de conscience professionnelle. L'ouvrier qui autrefois avait l'amour de son métier et désirait que le passant s'arrêtât devant la bonne facture de son travail, ne voit généralement plus qu'une chose : la somme qu'il gagne et le temps qu'il met à la gagner. Combien de fois avons-nous vu dans nos marais des faucardements ou des curages faits d'une façon plus qu'incomplète et, devant ce travail mal fait, nous ne pouvions que constater notre impuissance, par suite du manque de concurrence.

Cette nouvelle situation crée des besoins nouveaux. Si nous voulons conserver l'œuvre de nos pères, il faut remplacer les bras défaillants par la machine aveugle et docile. Mais, si l'œuvre est grande, elle n'a pas encore intéressé l'industrie privée. C'est donc à nous de provoquer ce mouvement et nous allons vous mettre au courant de ce qui a été fait jusqu'à ce jour à ce sujet.

Le 22 janvier 1919, une convocation était adressée à tous les Directeurs de marais des arrondissements de Rochefort, La Rochelle et Marennes, leur demandant de se réunir le 13 février suivant à Rochefort en vue de nommer une Commission chargée de rechercher les appareils de rouchage et de curage mécanique et les moyens financiers de les acquérir. A cette réunion du 13 février, une Commission de 15 membres fut nommée et l'Union des Syndicats de Marais de la Charente-Inférieure fut créée.

Les statuts déposés à la Mairie de Rochefort le 17 novembre 1919, disaient :

Art. 2. — Le but spécial de l'Union est de grouper les efforts individuels dans le but de rechercher par tous les moyens un appareil permettant le curage mécanique des fossés et canaux.

Art. 3. — Le montant de la cotisation est variable et sera fixé tous les ans.

Pour 1919, il avait été fixé, pour chaque Syndicat, à 1 %
de la moyenne de ses budgets des 10 dernières années.

Trente et un Syndicats répondirent à notre appel. C'était
peu et nous nous aperçûmes vite que, pour intéresser les
chercheurs, il faudrait être beaucoup plus nombreux ,afin de
pouvoir disposer de sommes beaucoup plus importantes.

C'est à ce moment qu'ayant eu la chance de rencontrer
M. Debois, de Maillezais, Directeur des *Marais Mouillés* de la
Vendée, nous eûmes l'idée de coordonner nos efforts, d'étendre notre rayon d'action et de fédérer toutes les Associations
syndicales des marais de la Charente-Inférieure, de la Vendée et des Deux-Sèvres.

A cette intention, le 26 décembre 1923, nous convoquions
tous les Directeurs des marais de ces trois départements à
l'Hôtel du Commerce à La Rochelle, afin de créer une Fédération de tous ces marais. Nous avions préparé les Statuts
de cette Fédération, et l'article 3 définissait ainsi son objet :

1°) L'étude et la mise au point de toutes les inventions
destinées au nettoiement et à l'entretien des canaux, fossés
et rigoles ;

2°) L'étude et la mise à exécution s'il y a lieu, de tous projets dus soit à l'initiative privée, soit aux services publics,
tendant à l'amélioration du desséchement ou à l'irrigation
d'une contrée ou d'une région ;

3°) La défense de leurs intérêts auprès des pouvoirs
publics ;

4°) La création et l'extension de tous services centraux
communs, pouvant contribuer à leur prospérité et à l'amélioration de leur situation économique ;

5°) La défense et la protection de tous les intérêts généraux et spéciaux des Syndicats adhérents.

C'était là un cadre bien vaste, peut-être trop vaste : aussi
son étendue a-t-elle été sans doute la cause de sa perte. Si
le 1° avait été la seule raison d'être de la Fédération, nous
aurions peut-être réussi ; mais les 2°, 3°, 4° et 5° ont sans
doute effrayé bien des Directeurs, qui ont craint d'être entraînés et de ne plus être maîtres absolus chez eux. Est-ce
pour cela, est-ce pour d'autres raisons ? En tous cas, l'appel
que nous adressions personnellement aux 131 Syndicats de
la Charente-Inférieure n'obtint que 13 adhésions. Nous avions
probablement été mal compris.

Si nous avions été suivis par tous les marais intéressés,
il est certain que les 0 fr, 20 que nous leur demandions par
hectare comme cotisation par notre article 20, nous auraient

donné des ressources telles que nous serions certainement aujourd'hui en possession de la machine tant désirée, même si nous avions été obligés de la faire étudier et construire entièrement de nos deniers.

Pour avoir voulu trop embrasser, nous avons mal étreint. Puisse cette expérience être utile et faire que, lorsque cette idée de Fédération sera reprise, il y ait autant de Fédérations que d'intérêts communs en cause.

Mais si la nécessité de création de fédération de marais s'impose pour la recherche de moyens mécaniques de faucardement et de curage, elle s'impose aussi en ce moment à un nouveau point de vue.

Depuis quelques mois, en effet, l'Etat abandonne l'entretien des canaux et rivières non navigables et veut le mettre à la charge des départements qui, de leur côté, refusent ce nouveau fardeau financier ou, tout au moins, ne veulent en prendre la charge qu'autant que tous les Syndicats intéressés, à ces cours d'eau lui garantissent le remboursement des dépenses faites pour l'entretien de ces ouvrages.

C'est une question fort grave. L'abandon de telles portions du domaine public à la collectivité des usagers, à charge par eux de l'entretenir, est un procédé nouveau qui peut être gros de conséquences dans l'avenir. Une des grosses difficultés est justement de déterminer quels sont les usagers et dans quelles proportions ils sont usagers. Il y a là une source énorme de difficultés.

Prenons un exemple. L'Etat veut abandonner au département de la Charente-Inférieure la Boutonne, le canal de la Charente à la Seudre et le canal de Charras. Or ce dernier n'est qu'une partie de la rivière de la Gère canalisée à partir du Gué Charreau. Presque tous les marais riverains sont intéressés, mais peut-être pas tous dans la même proportion. Ils sont d'ailleurs disposés à payer, mais trouvent pénible de ne pas obtenir de secours des riverains de la Gère non canalisée, qui souffriraient terriblement si les marais ne faisaient pas entretenir la partie canalisée de la rivière. Il faudra cependant arriver à un résultat ; car le maintien de ce canal est la sauvegarde de tous les marais en bordure. Il y a là un intérêt commun et il faudra que tous les Syndicats intéressés s'unissent pour le défendre, il faudra qu'ils se fédèrent.

Un projet d'acte d'Association, à l'étude en ce moment, définit ainsi le but de cette Association dans son article 2 :

« La Fédération se propose de se substituer au département de la Charente-Inférieure pour la concession des travaux d'entretien et de l'exploitation du canal. »

Au point de vue légal, quelle est la valeur d'une telle Fédération ? C'est un point que d'autres, plus qualifiés que nous, élucideront. Mais ce que nous pouvons dire, c'est que, sous une forme ou sous une autre, Fédération ou Association, les Marais, s'ils veulent subsister et progresser, doivent créer des représentations de leurs intérêts communs luttant pour la collectivité.

Ces intérêts étant très divers, ne nous contentons pas d'une seule Fédération englobant tous les marais en général et faisons autant de fédérations qu'il y a de points particuliers intéressant ces collectivités. Disons-nous en tout cas qu'ici plus que partout ailleurs, l'union fera la force.

En conséquence et pour conclure, nous demanderons au Congrès régional de se prononcer sur les vœux suivants :

1°) Qu'il soit créé, dans chaque région ayant des travaux ou des recherches identiques à faire exécuter ou bien un intérêt commun à défendre, des groupements de marais ;

2°) Qu'une Commission interrégionale réunisse les bureaux de ces groupements, les représentants des Chambres d'Agriculture, des Offices agricoles départementaux, des Chemins de fer de l'Etat et du Comité Régional de la Ligue générale pour l'aménagement des eaux, en vue de coordonner leurs efforts et de trouver les solutions de difficultés identiques ;

3°) Que l'étude du statut légal à donner à ces groupements soit immédiatement confiée à des compétences juridiques auxquelles il serait demandé en même temps d'établir un projet d'acte d'association des syndicats de marais conforme à la législation actuellle, si celle-ci est suffisante et, dans le cas contraire, de provoquer une modification législative sur ce point.

Aperçus Juridiques

Sur l'organisation de groupements chargés de l'entretien
d'anciennes voies navigables déclassées
et sur le projet de Fédération générale des Marais de l'Ouest

Par M. AUDOUIN

*Professeur à l'Université de Poitiers, délégué général de la Ligue Générale
pour l'aménagement et l'utilisation des Eaux,
Secrétaire général du Comité Régional des Charentes et du Poitou.*

Quand j'ai commencé à préparer l'organisation du Congrès des Marais de l'Ouest, désigné sous le nom de « Journée des Marais Poitevins, Vendéens et Charentais », M. Malterre, Inspecteur général des Ponts et Chaussées chargé de l'inspection de l'Hydraulique Agricole au Ministère de l'Agriculture, voulut bien me donner des conseils au sujet du programme de ce Congrès placé sous le patronage du Ministère de l'Agriculture.

Il m'engagea notamment à comprendre dans le programme de ce Congrès une étude juridique de la forme légale à donner aux groupements qu'il était nécessaire de constituer pour l'entretien de certaines voies d'eau rayées de la liste des voies navigables et servant d'exutoires à des marais de l'Ouest.

M. l'Inspecteur général Malterre avait été saisi de la question par M. Lombard, Ingénieur en chef des Ponts et Chaussées à La Rochelle, qui avait dans son Service deux voies d'eau dans ce cas, le canal de Charras et le canal de la Charente à la Seudre. Ces voies d'eau avaient été rayées de la liste des voies navigables par un decret-loi de décembre 1926, qui les avait maintenues néanmoins dans le domaine public de l'Etat. L'Administration s'était entendue avec le Département de la Charente-Inférieure, qui acceptait la concession des travaux d'entretien et de l'exploitation de ces deux canaux, à condition que l'on constituât pour chacun d'eux un organisme, formé par un groupement des Syndicats de marais intéressés, qui serait autorisé à se substituer au Département pour cette concession. M. l'Ingénieur en chef Lombard se demandait si, pour constituer ces organismes reconnus nécessaires, on pouvait légalement réunir chaque groupe de Syndicats intéressés en une Fédération de Syndicats.

Selon le désir de M. l'Inspecteur général Malterre, je lui proposai de consulter à ce sujet des juristes tels qe mon collègue de la Faculté de Droit de Poitiers M. Rousseau, Rédacteur en chef du *Sirey*, ou M. Mestre, Professeur à la Faculté de Droit de Paris, qui est membre de notre Ligue pour l'aménagement des eaux et a été plusieurs fois son conseiller juridique. J'espérais que l'un ou l'autre voudrait bien se charger de faire un rapport à notre Congrès sur ce point de droit.

M. Malterre accepta cette proposition, qui fut approuvée par le Comité de l'Hydraulique agricole, présidé par M. Carrier, Directeur Général des Eaux et Forêts.

Je vis d'abord M. Rousseau, Professeur à la Faculté de Droit de Poitiers, qui m'engagea à demander plutôt ce rapport à M. Mestre, Professeur de Droit Administratif particulièrement compétent. Néanmoins, après avoir examiné sommairement la question, mon éminent collègue voulut bien me donner son avis personnel, sous toutes réserves. Il estimait, à première vue, que, la loi de 1865 sur les Associations syndicales autorisées prévoyant seulement des Associations de propriétaires et non des Associations de Syndicats, on ne pouvait pas s'appuyer sur cette loi pour fonder aujourd'hui une Fédération de Syndicats de marais. Mais il pensait que l'on pouvait fonder un Syndicat comprenant tous les membres des Syndicats actuels que l'on voulait grouper, ce qui reviendrait au même que d'en constituer une Fédération, tout en respectant la lettre de la loi de 1865.

Quant à M. Mestre, n'ayant pu le rencontrer, je lui écrivis et il se borna à répondre en ces termes le 21 janvier :

« Il ne me paraît pas possible de former une Fédération d'Associations Syndicales. »

J'ai fait récemment une nouvelle démarche auprès de M. Mestre, en le priant de vouloir bien étudier de nouveau la question et de donner un avis moins laconique, qui ne fût pas purement négatif. Je lui communiquai le 28 juillet dernier un *projet d'acte d'Association*, rédigé en mars 1928 en vue de constituer une *Fédération des Associations syndicales, Communes et propriétaires, intéressés à l'entretien du canal de la Charente à la Seudre,* dont voici les articles essentiels :

Article 1. — Les Associations syndicales, Communes et propriétaires ci-dessous dénommés sont réunis en Fédération (Association syndicale libre) pour assurer le maintien en bon état d'entretien et l'exploitation du canal de la Charente à la Seudre, rayé de la nomenclature des voies navigables, mais maintenu dans le domaine public de l'Etat par le décret-loi du 28 décembre 1926 :

> Syndicat de Pont-l'Abbé amont ;
> Syndicat de Pont-l'Abbé aval ;
> Syndicat de l'Arnaise ;
> Syndicat de Martron ;
> Syndicat de Moëze ;
> Syndicat de Saint-Jean-d'Angle ;
> Syndicat des Marais Salants de Saint-Just ;
> Grand Syndicat de Marennes ;
> Commune de Tonnay-Charente ;
> Commune de Saint-Hippolyte ;
> Commune de Trizay ;
> MM...

Art. 2. — La Fédération se propose, sous réserve de l'agrément de M. le Ministre des Travaux Publics, d'obtenir du Département de la Charente-Inférieure l'autorisation de se substituer à lui pour la concession des travaux d'entretien et de l'exploitation du canal, étant entendu que la Fédération fera son affaire personnelle de toutes les obligations du Département envers l'Etat et envers les tiers, telles que ces obligations résultent du cahier des charges de la concession, et sera également investie de tous les droits résultant de ce cahier des charges, en ce qui concerne l'entretien, la jouissance et l'exploitation de la voie d'eau dont il s'agit, celle-ci étant définie ainsi qu'il suit : partie comprise entre son débouché dans la Charente (y compris la branche dénommée canal de la Bridoire) et son débouché à Marennes dans le canal maritime de Marennes à la Seudre ; embranchement reliant le canal au havre de Brouage ; havre de Brouage jusqu'à la mer.

Art. 3. — La Fédération syndicale a pour organes administrateurs l'Assemblée générale, le Comité et le Président de ce Comité.

Le minimum de superficie donnant droit à chaque Syndicat, Commune ou propriétaire de faire partie de *l'Assemblée générale*, est fixé à 200 hectares. Les Syndicats, Communes ou propriétaires ne possédant pas 200 ha. pourront se réunir pour atteindre ce minimum et se faire représenter à l'Assemblée générale par un d'entre eux. Chaque Syndicat, Commune ou propriétaire réunissant le minimum, pourra se faire représenter à l'Assemblée générale par le nombre de délégués qu'il jugera utile, mais ces délégués n'auront droit, dans les scrutins, qu'à un nombre de voix égal au quotient du nombre d' hectares possédés ou compris dans le périmètre syndical particulier par le minimum de 200, avec une tolérance de 10 ha. en moins du mutiple de 200. En conséquence, il sera attribué une voix pour une superficie de 200 à 389 ha., 2 voix de 390 à 589 ha., 3 voix de 590 à 789 ha. et ainsi de suite.

Art. 4 — La Fédération est administrée par un *Comité* composé de six membres nommés par l'Assemblée générale au scrutin secret ; ces membres désignent eux-mêmes un Président, deux vice-Présidents et trois Assesseurs...

Art. 10. — Le Comité règle par ses délibérations les affaires de la Fédération. Il est chargé notamment de nommer les agents de la Fédération et en particulier un agent technique et un secrétaire et de fixer leur traitement, à l'exception du receveur, si ce dernier est percepteur des contributions directes ; de faire rédiger les projets, de les discuter et de statuer sur le mode à suivre pour leur exécution ; d'approuver les contrats de location de la pêche, de vente d'arbres, d'occupations temporaires du domaine public, de prises d'eau, etc ; de voter le budget annuel, de dresser le rôle des taxes incombant aux divers syndicats et intéressés affiliés à la Fédération...

Art. 16. — Les travaux d'urgence peuvent être exécutés immédiatement et d'office par ordre du Président, qui est tenu d'en rendre compte sans retard au Préfet. Ce magistrat peut suspendre l'exécution de ces travaux, après avoir pris l'avis du Comité de la Fédération et de l'Ingénieur en chef du contrôle.

Art. 17. — A défaut du Président, le Préfet peut faire constater l'urgence des travaux et ordonner, sur l'avis de l'Ingénieur en chef, leur exécution immédiate...

Art. 20. — Les dépenses de la Fédération, déduction faite des recettes, sont supportées par les Syndicats, communes ou propriétaires adhérents à la Fédération au prorata du nombre d'hectares inclus dans le périmètre de chaque Association syndicale ou possédés par chaque intéressé.

Art. 27. — Le présent acte d'association ne sera définitif que lorsque les formalités suivantes auront été remplies :

1°) Acceptation par toutes les Associations Syndicales intéressées réunies en Assemblée générale et délibérant chacune d'après leurs statuts propres, et par les communes ou propriétaires intéressés ;

2°) Publication dans un journal d'annonces légales du Département, communication au Préfet et insertion dans le Recueil des actes de la Préfecture.

Dressé et présenté par le Président
de la Commission provisoire.
Saint-Agnant le 18 mars 1928.

M. Mestre, prié de donner son avis sur ce projet d'acte d'association, me répondait le 7 août :

« Mon cher collègue,

« Ainsi que je vous l'ai déjà indiqué, je crois, je fais d'expresses réserves, du point de vue juridique, sur la légalité de la Fédération projetée.

« Les Associations Syndicales sont des établissements publics qui n'ont pas la pleine liberté de leurs mouvements. D'autre part, il est difficile de concevoir un même groupe comprenant des personnalités aussi hétérogènes que communes, établissements publics et simples particuliers. Il faudrait s'assurer, avant d'aller plus avant, que l'Administration n'élèvera pas d'objection à cet égard.

« A mon vif regret, je serai, lors du Congrès, à l'étranger pour une série de conférences et je serai privé du plaisir d'être des vôtres.

« Veuillez croire, Cher collègue, à mes sentiments très dévoués.

A. Mestre

Le 17 août dernier, je récrivais à M. Mestre :

« Mon cher collègue,

« Excusez moi de venir encore vous importuner avec mes consultations juridiques. Mais je vous avouerai que votre réponse m'a déçu. J'espérais que vous pourriez me suggérer une solution au problème qui se pose pour les Syndicats de marais, dont il est indispensable de coordonner les efforts. Si le type de Fédération projeté n'est pas légal, il faut en trouver un autre.

« Je me demande si une lettre que je viens de recevoir de M. Renault, Ingénieur des Ponts et Chaussées à Angers, ne fournit pas une solution :

« J'ai appris par le Bulletin mensuel de la Ligue que votre Comité a pris l'initiative d'études sur le matériel d'entretien des canaux des marais. Or mon Service comporte de vastes étendues de marais et de prairies basses, pour lesquels le problème de l'entretien des fossés, rigoles et canaux se pose avec acuité.

« Dans la vallée de l'Authion, où fonctionnent *divers Syndicats*, de curages, d'endiguements et d'irrigations, *la nécessité de coordonner les efforts a conduit à créer un vaste Syndicat intercommunal* groupant 28 Communes... »

« Il semble résulter de cette lettre de M. Renault que, pour coordonner les efforts en vue d'un meilleur aménagement de ces marais de l'Authion, on a créé un organisme nouveau, un Syndicat intercommunal, au lieu de chercher à fédérer les anciens Syndicats de ce val de l'Authion.

« La création de ce vaste Syndicat intercommunal, n'a pas amené la suppression des anciens Syndicats de l'Authion. Car cet Ingénieur des Ponts et Chaussées avait joint à sa lettre des affiches de l'adjudication prochaine de dragages à effectuer dans le lit de l'Authion au compte d'un très vieux Syndicat.

« Vous seriez bien aimable de me dire si, pour le canal de la Charente à la Seudre, le mieux ne serait pas de créer un Syndicat intercommunal nouveau, indépendant des anciens Syndicats de marais et ne comprenant que des communes... »

M. Mestre m'a répondu le 25 août dernier :

« Je maintiens mon opinion antérieure : une fédération d'associations syndicales m'apparait, en l'état actuel de la législation, comme une création d'une légalité fort douteuse. Le mieux serait sans doute de provoquer une modification législative sur ce point et un vœu pourrait être présenté en ce sens. Le Congrès de la Houille blanche de Grenoble a montré que les vœux de ces assemblées ne sont pas toujours platoniques.

« En attendant, l'idée de M. Renault me paraît ingénieuse

et intéressante. Elle est dans tous les cas d'une légalité certaine. J'entrevois dans l'avenir bien des difficultés pour coordonner l'action des divers Syndicats et celle du Syndicat de Communes ; mais le besoin auquel l'organisme nouveau serait destiné à parer est d'une telle urgence que je n'hésiterais pas à me rallier à cette solution. Bien entendu, l'organisme à créer ne devrait comprendre que des communes, à l'exclusion des Syndicats... »

D'autre part, M. Hirsch, Président de la Chambre Syndicale des Etangs de Touraine et d'Anjou, qui a si bien su organiser les concours d'appareils de faucardement, institués par l'Union Nationale des Syndicats de l'Etang et a bien voulu rédiger pour notre Congrès une Note sur les résultats de ces Concours me conseillait en juillet dernier de consulter son ami M. de Bouville sur la possibilité légale de constituer des fédérations de Syndicats de marais.

M. de Drouin de Bouville, Inspecteur principal des Eaux et Forêts en retraite, Secrétaire général de l'Union Piscicole de France, a bien voulu me donner son avis à ce sujet dans la lettre suivante :

Bouville, le 19 août 1928

« Monsieur le Professeur,

« Je réponds quelque peu tardivement à votre lettre du 23 juillet... Pour répondre au désir que vous avez bien voulu m'exprimer, il suffit que j'examine la question de la constitution de Fédérations des Marais.

« J'ai l'honneur d'attirer votre attention sur l'intérêt qu'il y aurait eu à me communiquer les statuts d'une au moins des Associations qu'il serait question d'unir. Je suppose, toutefois, qu'il s'agit d'Associations syndicales *autorisés*, régies par les lois des 21 juin 1865, 22 décembre 1888 et le decret du 21 décembre 1926.

« Il est remarquable que les textes précités ne prévoient pas l'éventualité d'une union entre les groupements qu'ils concernent, alors que, depuis la loi du 22 mars 1890, les Communes peuvent s'associer en vue d'une œuvre intercommunale.

« Sans doute l'union n'est-elle pas prohibée. Mais dans quelles conditions la réaliser ? Il est d'autant plus difficile de savoir à quoi s'en tenir que les Associations syndicales autorisées sont soumises, en général, à des règlements fort peu souples. Je ne vois pas, à première vue au moins, comment fédérer utilement des groupements pareillement entravés dans leurs initiatives. En fondre plusieurs en un seul, pas d'obstacle. Mais créer un organisme intersyndical ? Quel rôle jouerait-il autre que moral, du moment où les Associations appelées à collaborer sous son autorité n'ont qu'une liberté de mouvements étroitement limitée.

« Bref, l'objet des Fédérations des Marais, jusqu'à plus ample informé, semble difficile à définir. Si vous voulez bien me préciser le but auquel tendent les promoteurs de cette Fédération, je pourrai voir plus exactement ce qui pourrait être tenté pour les constituer et en assurer le fonctionnement.

« En attendant, je dois me borner à vous indiquer que je ne vois pas, en dehors de la loi du 1er juillet 1901, de texte applicable. On aurait ainsi à envisager la constitution d'une Association simple groupant des Associations syndicales autorisées. Ceci ne laisserait pas d'être plutôt paradoxal. A la base, des moyens de contrainte et pas d'indépendance ; au sommet, l'indépendance sans moyen de contrainte.

« Veuillez agréer, etc...

Le Secrétaire général.

Bouville

Je suis heureux de constater que j'étais arrivé depuis plusieurs mois aux mêmes conclusions qu'un homme aussi averti que M. de Bouville. Dès le 5 février, j'écrivais à M. l'Inspecteur général Maîterre :

« Puisque les juristes les plus compétents sont unanimes à penser que l'on ne peut pas s'appuyer sur la loi de 1865, d'après laquelle sont constitués les Syndicats de marais, le plus simple est peut-être de s'appuyer sur la la loi de 1901, qui donne la personnalité civile aux Associations régulièrement constituées et déclarées, et laisse toute liberté pour les statuts ; on peut d'ailleurs donner plus d'autorité à une Association déclarée de ce genre en la faisant reconnaître d'utilité publique. La cotisation à demander à chacun des Syndicats de marais peut être proportionnelle à ses ressources annuelles. Naturellement on ne pourrait pas contraindre les Syndicats actuels à entrer dans cette Fédération. Mais un des Présidents les plus actifs, M. Debois, de la Vendée, qui a pris à cœur la question de l'outillage, avait pensé que l'on ne pourrait aboutir à quelque chose qu'en fondant une Fédération de tous les Syndicats de Marais entre Loire et Gironde et avait obtenu l'adhésion d'un bon nombre de Présidents, quand les circonstances lui ont fait suspendre ses démarches. Il serait tout disposé à les reprendre et notre Comité Régional pourrait lui donner son appui si la journée des Marais conclut en faveur de cette Fédération. »

M. l'Inspecteur général Malterre me répondait le 15 février :

... « Quant à la Fédération générale que vous envisagez, elle peut avoir quelque intérêt comme organisme d'étude, mais une semblable Fédération ne saurait être un organe d'exécution. Ce qui a un intérêt plus pratique et plus immédiat, ce sont des Associations locales d'un certain nombre de Syndicats voisins pour l'exécution de travaux communs. Ces organismes là ont vraiment besoin d'avoir une personnalité civile pour pouvoir emprunter, faire des travaux, etc. »

J'écrivais à M. Malterre le 14 avril :

« La sixième question indiquée au programme se rapporte aux Syndicats et comprend à la fois l'organisation de certains de ces Syndicats en groupements par bassin et le projet de Fédération générale.

« Vous m'avez parlé de la nécessité où l'on se trouve de constituer certains groupements pour les charger de l'entretien de cours d'eau déclassés, tels que le canal de Charras dans la Charente-Inférieure. Il en est de même de la Sèvre. M. Debois, que notre Conseil a nommé Président du Comité Régional, m'a communiqué le statut élaboré par les 4 Syndicats du bassin de la Sèvre Niortaise en vue de ce déclassement proposé par le Ministère des Travaux Publics. Ce statut n'est encore qu'à l'état d'esquisse et a besoin d'être précisé et complété.

« En ce qui concerne le projet de Fédération générale, M. Vidal reconnaît qu'il offre un grand intérêt, même en en limitant son objet aux moyens mécaniques d'entretenir les canaux des marais et de les transformer. Il m'écrit que cette Fédération pourrait avoir une surface financière lui permettant d'emprunter et d'acquérir un matériel commun à tous, exploité d'une manière continue et par suite à bon prix, et allant travailler partout, suivant un ordre à déterminer, d'une manière analogue à celle dont les usagers d'un canal d'irrigation utilisent les eaux chacun à son tour, suivant une convention générale. Il est donc d'avis que notre Journée s'occupe tout spécialement de ce projet. »

Il résulte de la lettre de M. de Bouville qu'une Fédération générale des Marais de l'Ouest pourrait être constituée, ainsi que je le suggérais dans ma lettre du 5 février, suivant le régime de la loi du 1er juillet 1901, sur les Associations déclarées, que M. de Bouville déclare être le seul texte applicable pour créer des Fédérations d'associations syndicales autorisées. C'est d'après cette loi que M. Debois et M. Rousseau, auteur du précédent rapport au Congrès sur cette question, avaient projeté il y a quelques années les statuts d'une Fédération générale des Marais de l'Ouest.

Rien n'empêche les Syndicats de marais actuels, quel que soit leur statut légal, qu'ils soient de fondation très ancienne ou plus récente, de donner leur adhésion à une Association telle que notre *Ligue Générale pour l'aménagement et l'utilisation des Eaux*, constituée suivant le régime de la loi de 1901, et déclarée : beaucoup de ces Syndicats ou Associations syndicales lui ont déjà donné leur adhésion, beaucoup d'autres ne tarderont pas à le faire. Or cette Ligue est une Association qui a le caractère d'une Fédération, puisque plusieurs centaines de collectivités de toute sorte en font partie : Conseils généraux, Villes, Chambres de Commerce, Chambres d'Agriculture, Chambres Syndicales, Sociétés et Associations de toute nature, et elle comprend aussi des membres individuels. Si hétérogène que soit un tel groupement, M. Mestre lui-même n'a pas hésité à lui donner son adhésion personnelle et six Ministres lui ont officiellement donné leur patronage en acceptant d'en être Présidents d'honneur : les Ministres de l'Agriculture et des Travaux Publics notamment, et aussi ceux des Colonies, du Commerce, de l'Intérieur et de l'Instruction Publique.

Il n'y a pas plus d'impossibilité légale à constituer un groupement analogue pour tous les Marais de l'Ouest ni pour tous les Marais de France. De même qu'il existe une *Union Nationale des Syndicats de l'Etang*, qui a si heureusement institué, depuis deux ans, sous le patronage du Ministère de l'Agriculture, des concours d'appareils de faucardement, qui ont donné les meilleurs résultats et on peut dire, résolu le problème du faucardement des eaux, de même il serait très utile qu'il existât une *Union Nationale des Syndicats de Marais*, chargée spécialement des études techniques et des applications pratiques devant permettre de créer un outillage mécanique, universellement réclamé pour l'entretien des canaux de marais. Une Fédération Générale des Marais de l'Ouest, pourrait être un acheminement vers la fondation d'une Union Nationale de ce genre. En tous cas, sans plus attendre, elle pourrait organiser elle-même, avec le concours de notre Ligue Générale pour l'aménagement des Eaux, avec l'appui des Pouvoirs publics, des concours d'appareils de dragage, sur le modèle des concours d'appareils de faucardement. Avant de se prononcer définitivement sur ce projet de Fédération générale, qui aurait besoin d'être étudié de plus près et mis au point, il paraîtra sans doute opportun de commencer par constituer les groupements plus restreints reconnus indispensables pour parer à des besoins urgents.

Afin de pouvoir les organiser dans le plus bref délai, il conviendrait peut-être de former une Commission juridique chargée d'établir un type légal de statut approprié, conforme à la législation actuelle, si celle-ci paraît suffisante, et, dans le cas contraire, de provoquer une modification législative sur ce point.

Ligue Générale pour l'Aménagement et l'Utilisation des Eaux

Siège Social : 4, Carrefour de l'Odéon. — PARIS

COMITÉ DIRECTEUR DE LA LIGUE

Présidents d'honneur

MM.

Les Ministres de l'Agriculture, des Colonies, du Commerce, de l'Instruction Publique, de l'Intérieur et des Travaux Publics.

Henri BÉRENGER, Sénateur, Ambassadeur de France, ancien Président de la Ligue.

Victor BORET, Sénateur, ancien Ministre de l'Agriculture, Président de la Société Nationale d'Encouragement à l'Agriculture.

CLÉMENTEL, Sénateur, ancien Ministre du Commerce.

André LEBON, ancien Ministre, Président du Crédit Foncier et d'Algérie et de Tunisie, Trésorier honoraire de la Ligue.

Raoul PÉRET, Sénateur, ancien Président de la Chambre des Députés, ancien Ministre.

BUREAU

Président : M. CELS, Député, ancien Ministre.

Vice-Présidents : MM. BRYLINSKI, Président du Comité Electrotechnique français.

Georges HERSENT, Ingénieur des Arts et Manufactures.

LE COUPPEY DE LA FOREST, Inspecteur général du Génie Rural.

Marcel PETIT, Administrateur de la Cie Générale de Navigation Le Havre-Paris-Lyon-Marseille.

Vidal, Inspecteur général des Ponts et Chaussées.

Trésorier : M. Charron, ancien Elève de l'Ecole Polytechnique, ancien Receveur des finances.

Secrétaire général : M. Etève, Directeur-adjoint de l'Ecole Spéciale des Travaux Publics.

Délégué général : M. Audouin, Professeur à l'Université de Poitiers.

Délégués des Ministres

Ministère de l'Agriculture : M. Le Couppey de La Forest, Inspecteur général du Génie Rural, M. Géneau, Inspecteur général des Eaux et Forêts.

Ministère des Colonies : Le Directeur des Affaires Economiques, l'Inspecteur général des travaux Publics.

Ministère du Commerce : M. Charmeil, Conseiller d'Etat, Directeur du Personnel, de l'Expansion Commerciale et du Crédit ; M. Fighiéra, Directeur des Affaires Commerciales et Industrielles.

Ministère de l'Instruction Publique : M. Paris, Inspecteur général de l'Enseignement Technique.

Ministère de l'Intérieur : M. Labussiére, Conseiller d'Etat, Directeur de l'Administration Départementale et Communale.

Ministère des Travaux Publics : M. Watier, Directeur des Voies Navigables et des Ports Maritimes ; le Directeur des Forces hydrauliques.

Collectivités bienfaitrices

1. Chambre de commerce de Dunkerque.
2.   —   —   de Lyon.
3.   —   —   de Marseille.
4.   —   —   de Paris.
5.   —   —   de Strasbourg.
6. Chambre Syndicale des Forces hydrauliques.
7. Compagnie Générale de Navigation Le Havre-Paris-Lyon-Marseille.
8. Conseil Général du Bas-Rhin.
9.   —   —   du Haut-Rhin.
10.   —   —   du Nord.
11.   —   —   de la Seine.
12. Conseil Municipal de Paris.
13. Syndicat Professionnel des Producteurs et des Distributeurs d'Energie Electrique.

COLLECTIVITÉS TITULAIRES

1. Alliance Syndicale du Commerce et de l'Industrie.
2. Association Amicale des Anciens Elèves de l'Ecole Spéciale des Travaux Publics.
3. Association Nationale d'Expansion Economique.
4. Association des Grands Ports Français.
5. Chambre de Commerce de Béthune.
6.   —   —   de Lille.
7.   —   —   de Metz.
8.   —   —   de Nevers.
9.   —   —   de Niort.
10.   —   —   de Poitiers.
11.   —   —   de Roanne.
12.   —   —   de Troyes.
13. Chambre des Houillères du Nord et du Pas-de-Calais.
14. Comité Central des Houillères de France.
15. Comité des Forges de France.
16. Comité Franco-Suisse du Haut-Rhône.
17. Compagnie Electrique de la Loire et du Centre.
18. Compagnie Française Thomson-Houston.
19. Compagnie du Gaz de Lyon.
20. Compagnie générale de Navigation sur le Rhin.
21. Compagnie générale de Traction.
22. Compagnie des Mines d'Aniche.
23.   —   —   d'Anzin.
24.   —   —   de Bruay.
25. Comptoir Fluvial du Nord et de l'Est.
26. Comptoir Rhénan de Transports fluviaux.
27. Confédération Nationale des Associations Agricoles.
28. Confédération Générale de la Production Française.
29. Conseil Général des Deux-Sèvres.
30.   —   —   de la Loire-Inférieure.
31.   —   —   de l'Oise.
32.   —   —   de la Vendée.
33.   —   —   de la Vienne.
34. Constructions Electriques de France.
35. Crédit Foncier d'Algérie et de Tunisie.
36. Energie Electrique du Littoral Méditerranéen.
37. Energie Electrique du Sud-Ouest.
38. Fédération des Industriels et des Commerçants Français.
39. Fédération Nationale du Bâtiment et des Travaux Publics.
40. Ligue Française.
41. Ligue Maritime et Coloniale Française.

42. Mines Domaniales de la Sarre.
43. Office National de la Navigation.
44. Office des Transports des Chambres de Commerce du
Nord de la France.
45. Razel frères, Travaux publics.
46. Schneider et Cie.
47. Société des Agriculteurs de France.
48. Société Alsacienne de Navigation Rhénane.
49. Société d'Eclairage, Chauffage et Force Motrice.
50. Société d'Electro-chimie, d'Electro-métallurgie et des
Aciéries Electriques d'Ugine.
51. Société d'Encouragement pour l'Industrie Nationale.
52. Société d'Energie Savoie-Dauphiné.
53. Société des Forces Motrices de la vallée d'Aspe.
54. Société des Forces Motrices de la Vienne.
55. Société Française de Navigation Rhénane.
56. Société Gazière d'achats en commun des charbons.
57. Société Générale.
58. Société générale de Transports.
59. Société générale de Navigation et d'Entrepôt « Le Rhin ».
60. Société des Grands Travaux de Marseille.
61. Société Houillère de Sarre et Moselle.
62. Société Hydrotechnique de France.
63. Société de l'Industrie Minérale.
64. Société des Ingénieurs Civils de France.
65. Société Lyonnaise des Eaux et de l'Eclairage.
66. Société des Manufactures de Glaces et de Produits Chi-
miques de Saint-Gobain.
67. Sous-Région Economique du Poitou.
68. Syndicat Professionnel des Entrepreneurs de Travaux
Publics de France.
69. Touring-Club de France.
70. Union des Industries Métallurgiques et Minières.
71. Ville de Lyon.

COLLECTIVITÉS ADHÉRENTES DÉSIGNÉES POUR ÊTRE
REPRÉSENTÉES DANS LE COMITÉ DIRECTEUR

Association Minière d'Alsace-Lorraine.
Chambre de Commerce de Cambrai.
    —   —   de Colmar.
    —   —   de Douai.
    —   —   de Limoges.
    —   —   de Nantes.

Chambre de Commerce d'Orléans.
—   — de Valenciennes.
Compagnie des Chemins de Fer de Paris à Orléans.
Conseil Général de l'Aisne.
Energie Electrique du Nord de la France.

DÉLÉGUÉS DES MEMBRES INDIVIDUELS

MM. ALBY, Trésorier de la Société d'Encouragement pour l'Industrie Nationale, Président de la Société générale d'Entreprises.

AUDOUIN, Professeur à l'Université de Poitiers.

BARROIS, Membre de l'Institut, Professeur à la Faculté des Sciences de Lille.

BAUCHÈRE, Président de la Fédération des Chaux et Ciments de France.

Commandant BOURDELLES, Vice-Président de la Société d'Exploitation Pétrolifères Lutecia.

CELS, Député, ancien Ministre.

CHARRON, ancien Receveur des Finances.

COLMET-DAAGE, Inspecteur général des Ponts et Chaussées en retraite.

ETÈVE, Directeur-adjoint de l'Ecole Spéciale des Travaux Publics.

FOURREY, Ingénieur des Travaux Publics de l'Etat, Professeur à l'Ecole Spéciale des Travaux Publics.

Georges HERSENT, Ingénieur des Arts et Manufactures.

LÉVY-SALVADOR, ancien Chef du Service technique hydraulique au Ministère de l'Agriculture.

VIDAL, Inspecteur général des Ponts et Chaussées, Professeur à l'Ecole Nationale des Ponts et Chaussées.

COMITÉ RÉGIONAL DES CHARENTES ET DU POITOU

Siège à la Chambre de Commerce de Poitiers,

14 rue Claveurier.

BUREAU

PRÉSIDENTS D'HONNEUR :

M. Victor BORET, Sénateur, ancien Ministre de l'Agriculture.

M. Raoul PÉRET, Sénateur, ancien Président de la Chambre des Députés, ancien Ministre.

M. le Préfet de la Vienne.

M. le Maire de Poitiers.

M. CAILLAUD, Président de la Chambre de Commerce de Poitiers.

Membres d'Honneur :

MM. les Présidents des Chambres d'Agriculture et des Chambres de Commerce du ressort du Comité Régional des Charentes et du Poitou.

M. de PALOMERA, Président de la Fédération des Groupes Commerciaux et Industriels des Charentes et du Poitou.

Président :

M. DEBOIS, Président du Syndicat des Marais Mouillés de la Vendée.

Vice-Présidents :

MM. le Général DUCROCQ, Vice-Président du Syndicat des Marais Mouillés des Deux-Sèvres ;

de LAULANIÉ, Président de la Société d'Agriculture de Poitiers, Secrétaire de la Chambre d'Agriculture de la Vienne.

MASSÉ, Conseiller Général de la Charente-Inférieure, Vice-Président de l'Association Centrale des Laiteries Coopératives des Charentes et du Poitou.

MÉRIEUX, Président du Syndicat d'Initiative de Poitiers.

Secrétaire Général :

M. AUDOUIN, Professeur à l'Université de Poitiers, Délégué général de la Ligue.

Secrétaires :

MM. POIRIER, Agent général de la Cie de Saint-Gobain, Secrétaire de la Fédération intellectuelle et Economique du Centre Ouest.

VERDIÉ, Directeur des Services Agricoles de la Charente-Inférieure.

Trésorier :

M. BOURDERIOUX, Directeur de la Société Générale à Poitiers.

Conseil du Comité Régional

Collectivités titulaires et adhérentes

1. Abattoir Industriel de Chasseneuil (Vienne).
2. Alimentation du Poitou.
3. Association Centrale des Laiteries Coopératives des Charentes et du Poitou.
4. Chambre Syndicale des Etangs de Touraine et d'Anjou.
5. Chambre d'Agriculture de la Charente.
6.   —   —   de la Charente-Inférieure.
7.   —   —   des Deux-Sèvres.
8.   —   —   de la Vendée.
9.   —   —   de la Vienne.
10. Chambre de Commerce d'Angoulême.
11.   —   —   de la Rochelle.
12.   —   —   de Niort.
13.   —   —   de Poitiers.
14. Chemins de Fer de l'Etat.
15. Conseil Général de la Charente.
16.   —   —   des Deux-Sèvres.
17.   —   —   de la Vendée.
18.   —   —   de la Vienne.
19. Etablissements Delétang.
20.   —   Durand frères.
21.   —   Gilbert.
22.   —   Nivet frères.
23. Fédération des Groupes Commerciaux et Industriels des Charentes et du Poitou.
24. Mutuelle du Poitou.
25. Office Agricole de la Charente.
26.   —   —   de la Charente-Inférieure.
27.   —   —   des Deux-Sèvres.
28. Société des Carrières et Scieries de France.
29. Société de Filature et de Tissage de Ligugé.
30. Société des Forces Motrices de la Vienne.
31. Société Française d'Imprimerie.
32. Société du Phospho-Guano.
33. Société de Saint-Gobain.
34. Société des Marais de Moricq (Vendée).
35. Société des Grands Marais de la Claye (Vendée).
36. Sous-Région Economique du Poitou.
37. Syndicat des Agriculteurs de la Vienne.
38. Syndicat des Marais de la Bretonnière.

39. Syndicat des Marais Mouillés des Deux-Sèvres.
40. Syndicat des Marais Mouillés de la Sèvre et du Mignon.
41. Syndicat des Marais Mouillés de la Vendée.
42. Syndicat du Marais Louby (Charente-Inférieure).
43. Syndicat (Grand) des Marais de St-Jean d'Angle.
44. Syndicat du Marais de Voutron (Charente-Inf.ᵣₑ).
45 Union Commerciale et Industrielle de Poitiers.
46. Ville de Niort.
47. Ville de Poitiers.

DÉLÉGUÉS DES MEMBRES INDIVIDUELS

MM. ANTIN, Ingénieur en chef des Ponts et Chaussés en retraite.

AUDOUIN, Professeur à l'Université de Poitiers.

BAELDE, Président du Tribunal de Commerce de Poitiers.

BAILLARGÉ, Directeur des Services Agricoles de la Vienne.

BOURDERIOUX, Directeur de la Société Générale à Poitiers.

BOURLAT, Ingénieur.

Général DUCROCQ, Vive-président du Syndicat des Marais Mouillés des Deux-Sèvres.

de LAULANIÉ, Président de la Société d'Agriculture de Poitiers, Secrétaire de la Chambre d'Agriculture de la Vienne.

LEFORT, Directeur des Services Agricoles des Deux-Sèvres.

MASSÉ, Conseiller général de la Charente-Inférieure.

MÉRIEUX, Président du Syndicat d'Initiative de Poitiers.

MORAND, Sénateur de la Vendée.

PRIOTON, Directeur des Services Agricoles de la Charente.

VALSON, Directeur de la Banque de France à Poitiers.

VERDIÉ, Directeur des Services Agricoles de la Charente-Inférieure.

SECTIONS DÉPARTEMENTALES

CHARENTE. — *Président*, M. MASSON, Président de la Chambre d'Agriculture de la Charente.

CHARENTE-INFÉRIEURE. — *Président*, M. ROBIN, Conseiller Général, Président du Grand Syndicat des Marais de St-Jean-d'Angle.

DEUX-SÈVRES. — *Président*, M. MARCHAND, Président du Syndicat des Marais Mouillés des Deux-Sèvres, Maire de Vanneau.

VENDÉE. — *Président*, Baron de LAROCQUE-LATOUR, Directeur de la Société Syndicale des Grands Marais de la Claye.

VIENNE. — *Président*, M. Victor BORET, Sénateur, ancien Ministre de l'Agiculture, Président de la Société Nationale d'Encouragement à l'Agriculture.

TABLE DES MATIÈRES

LES CAFÉS GILBERT
LES MEILLEURS CAFÉS DE PARIS
SONT EN VENTE PARTOUT EN B^tes & Paq^ts de 125 et 250 gr.

POITIERS
IMPRIMERIE DU POITOU
22, rue de la Marne

www.ingramcontent.com/pod-product-compliance
Ingram Content Group UK Ltd.
Pitfield, Milton Keynes, MK11 3LW, UK
UKHW022346090726
13658UKWH00001B/494